Beck-Rechtsberater

Scheidungsberater für Frauen

W0041225

dtv

Beck-Rechtsberater

Scheidungsberater für Frauen

Ihre Rechte und Ansprüche
bei Trennung und Scheidung

von Heike Dahmen-Lösche

2. Auflage

Deutscher Taschenbuch Verlag

Im Internet:

dtv.de

beck.de

Originalausgabe
Deutscher Taschenbuch Verlag GmbH & Co. KG,
Friedrichstraße 1a, 80801 München
© 2009. Redaktionelle Verantwortung: Verlag C.H.Beck oHG
Gesamtherstellung: Druckerei C.H.Beck, Nördlingen
(Adresse der Druckerei: Wilhelmstraße 9, 80801 München)
Umschlaggestaltung: Agentur 42 (Fuhr & Partner), Mainz
ISBN 978-3-423-50641-0 (dtv)
ISBN 978-3-406-57574-7 (C.H.Beck)

9 783406 575747

Vorwort

Seit dem Erscheinen der Vorauflage hat sich im Familienrecht einiges verändert: Nicht nur ein neues Verfahrensrecht (in Kraft seit 1. September 2009), auch tief greifende Reformen beim Versorgungsausgleich sowie kleinere Neuerungen beim Zugewinnausgleich waren zu verzeichnen. Daneben natürlich die ersten Urteile zum geänderten Unterhaltsrecht ...

An dieser Stelle möchte ich meiner Kollegin Rechtsanwältin Julia Ehm meinen Dank für ihre Mitarbeit und zahlreichen Anregungen aussprechen.

Düsseldorf/Duisburg, im August 2009   *Heike Dahmen-Lösche*

Inhaltsverzeichnis

Einleitung

Dieses Buch ist als Orientierungshilfe für Frauen gedacht, die sich in der Trennungs- bzw. Scheidungssituation befinden. Jede Frau, die sich zu einer Scheidung entschlossen hat, ist nicht nur mit großen psychischen Belastungen und oft schmerzhaften Auseinandersetzungen konfrontiert, sondern auch mit einer Vielzahl von rechtlichen Fragen und Problemen. Zu diesen rechtlichen Aspekten einer Scheidung, angefangen von den Scheidungsvoraussetzungen bis zu den mit einer Scheidung einhergehenden Folgen – juristisch kurz: Folgesachen –, bietet dieser Ratgeber die wichtigsten Informationen, leicht nachvollziehbare Erläuterungen sowie zahlreiche Tipps. Jeder Abschnitt wird mit konkreten Fallbeispielen illustriert, um daran anschließend systematisch die rechtlichen Fragen rund um Trennung, Scheidung und deren Folgen zu erläutern. Die Fallbeispiele sind so ausgesucht, dass die Initiative zur Trennung oder Scheidung jeweils von der Ehefrau ergriffen wird. Soweit es sich um Probleme handelt, die bereits während der Trennungsphase zu regeln sind, finden sich diese als gesonderter Unterpunkt bei der jeweiligen Scheidungsfolgesache. Der Darstellung des Prozessverlaufs, der Kosten des Scheidungsverfahrens und der erbrechtlichen Konsequenzen sind gesonderte Kapitel gewidmet.

Ferner wurden zu den Themen Kindes-, Trennungs- und nachehelicher Unterhalt sowie Hausrat und Zugewinnausgleich persönliche Checklisten erarbeitet, die es ermöglichen, dass erworbene Wissen auf den eigenen Fall anzuwenden. Der Adressenteil gibt einen Überblick über Beratungsstellen für Frauen in Deutschland.

Die Zahl der Scheidungen nimmt weiter zu!

Eine Ehe kann nur durch ein gerichtliches Urteil aufgehoben werden. Während früher religiöse Vorbehalte oder das alte Scheidungsrecht, dass auf dem Schuldprinzip basierte, die Zahl der Scheidungen sehr niedrig hielt, kann heute im Prinzip jede Ehe, die als zerrüttet gilt, geschieden werden. In Deutschland endet derzeit ca. jede dritte Ehe vor dem Scheidungsrichter – Tendenz steigend. Dabei werden die meisten Scheidungsanträge von Frauen eingereicht. Dies hat unter anderem seinen Grund darin, dass eine Scheidung inzwischen nicht mehr unbedingt gesellschaftliche Ausgrenzung und sozialen Abstieg bedeuten muss. Positiv formuliert heißt das, dass sich im Zuge der Emanzipation, die Frauen zunehmend ihrer Rechte und Möglichkeiten bewusst werden und den Schritt wagen, eine unerträglich oder unzumutbare Ehesituation aufzulösen.

A. Scheidungsvoraussetzungen

Am 1. 7. 1977 trat in der Bundesrepublik Deutschland im Zuge der Reform des Ehe- und Familienrechts ein neues Scheidungsrecht in Kraft. Wesentliche Änderung ist die Ablösung des Schuldprinzips durch das sogenannte Zerrüttungsprinzip. Nach dem alten Recht konnte die Ehe nur dann geschieden werden, wenn ein Ehegatte schuldhaft gegen die ehelichen Pflichten verstoßen hatte, z. B. wenn er die Ehe gebrochen, den Anderen böswillig verlassen oder ihm nach dem Leben getrachtet hatte. Konsequenz war, dass der beklagte und schuldig gesprochene Ehegatte dem Schuldlosen Unterhalt zahlen musste, während das Sorgerecht grundsätzlich dem schuldlosen Ehegatten übertragen wurde. Nach dem **Zerrüttungsprinzip** dagegen kann die Ehe geschieden werden, wenn sie gescheitert ist. Der entscheidende § 1565 Abs. 1 Bürgerliches Gesetzbuch (BGB) lautet:

Die Ehe ist gescheitert, wenn die Lebensgemeinschaft der Ehegatten nicht mehr besteht und nicht erwartet werden kann, dass die Ehegatten sie wiederherstellen.

Voraussetzung für die Scheidung ist demnach nicht mehr ein ehewidriges Verhalten eines Ehegatten, sondern die Feststellung, dass es zu einem endgültigen Bruch zwischen den Eheleuten gekommen ist, bei dem es sich um einen Dauerzustand handelt. Das „Scheitern der Ehe" muss vom Gericht festgestellt werden. Die strittige Frage ist nun, ab wann eine Ehe als zerrüttet gilt.

Gem. § 1565 Abs. 1 BGB wird „unwiderlegbar vermutet", dass die Ehe gescheitert ist, wenn die Ehegatten seit einem Jahr getrennt leben und beide Ehegatten die Scheidung beantragen oder der Antragsgegner der Scheidung zustimmt.

I. Einverständliche Scheidung

Beispiel: Frau Anne B. aus Duisburg lebt mit Ihrem Mann Jochem B. seit einem Jahr innerhalb der ehelichen Wohnung getrennt. Sie schläft im vormals gemeinsamen Schlafzimmer, er im Wohnzimmer. Schon seit einem Jahr sorgt Anne B. nicht mehr für ihren Mann. Jeder hält seinen Wohnbereich selbst sauber. Beide Eheleute wollen geschieden werden.

Die Ehe der Eheleute B. kann ohne Probleme geschieden werden, da die Voraussetzungen des § 1565 Abs. 1 BGB in Verbindung mit § 1566 Abs. 1 BGB vorliegen. Die Partner leben seit einem Jahr „von Tisch und Bett" getrennt, werden ihre eheliche Lebensgemeinschaft aller Voraussicht nach nicht wieder aufnehmen und wollen beide geschieden werden. Zum Getrenntleben im Sinne des Gesetzes gehört neben der Einstellung sexueller Kontakte auch die Verweigerung wechselseitiger Versorgungsleistungen wie z. B. Kochen, Waschen, Bügeln, Einkaufen, etc. Ein kurzfristiger Versöhnungsversuch während der Trennungszeit ist unschädlich. Haben sich die Eheleute bspw. am 25. 1. 2006 getrennt, und leben sie im Monat April im Rahmen eines Vesöhnungsversuches für ein paar Wochen wieder zusammen, ändert dies nichts am Beginn des Trennungsjahres, wenn der Versöhnungsversuch scheitert. Um später die Trennung beweisen zu können, ist es ratsam, dem Ehemann schriftlich den Trennungszeitpunkt mitzuteilen. Selbstverständlich kann auch dieses Schreiben durch einen Anwalt an den Ehemann gesandt werden.

Für die einverständliche Scheidung ist es nach § 630 Zivilprozessordnung (ZPO) weiter unabdingbar, dass sich die Eheleute über die **Folgesachen** der Scheidung **einigen;** hierzu gehören unter anderem die Regelung der elterlichen Sorge für die gemeinsamen Kinder, der Kindesunterhalt, das Umgangsrecht, der Ehegattenunterhalt sowie die Verteilung von Hausrat und Ehewohnung. Entgegen der früheren Fassung des § 630 ZPO ist die übereinstimmende Erklärung der Ehepartner ausreichend, dass Anträge zum Sorge- und Umgangsrecht nicht gestellt werden. Diese besonderen Anforderungen an das Verfahren der einverständlichen Scheidung rechtfertigen, dass die Scheidung nach § 1566 Abs. 1 BGB gegenüber dem Grundtatbestand des § 1565 Abs. 2 BGB erleichtert ist: Bei einjähriger Trennungszeit und gemeinsamen Scheidungsbegehren wird die Ehe ohne Prüfung ihrer Zerrüttung geschieden, wohingegen im Falle der streitigen Scheidung die Zerrüttung zweifelsfrei nachgewiesen werden muss.

Zusammengefasst kann man sagen, dass bei einer einverständlichen Scheidung drei Voraussetzungen zusammen kommen müssen:

- Die Eheleute leben seit einem Jahr entweder innerhalb der ehelichen Wohnung oder schon räumlich getrennt.
- Beide Eheleute wollen geschieden werden.
- Beide Partner einigen sich über die Scheidungsfolgesachen.

II. Streitige Scheidung

Beispiel: Helma K. aus Mülheim lebt seit einem Jahr mit ihren beiden Kindern in einer eigenen Wohnung. Sie möchte schnellstmöglich geschieden werden. Ihr Ehemann lehnt die Scheidung ab. Er schreibt ihr nach wie vor glühende Liebesbriefe, versucht immer wieder, sich mit ihr zu treffen und gibt die Hoffnung einfach nicht auf. Helma K. dagegen empfindet nichts mehr für ihren Ehemann und ist entschlossen, die Scheidung zu beantragen.

Im Gegensatz zu der einverständlichen Scheidung trifft hier die sogenannte „Zerrüttungsvermutung" des § 1566 Abs. 1 BGB nicht zu. Das **Scheitern** der Ehe muss daher von Helma K. **bewiesen** werden. Erfahrungsgemäß werden dabei seitens des Gerichts keine allzu hohen Maßstäbe angelegt. Im Regelfall wird eine Ehe dann als gescheitert angesehen, wenn die eheliche Lebensgemeinschaft nicht mehr besteht und der Scheidungswillige klar zu erkennen gibt, dass er keine ehelichen Gemeinsamkeiten mehr will. Helma K. lebt bereits seit einem Jahr in einer eigenen Wohnung; die eheliche Lebensgemeinschaft besteht demnach nicht mehr. Auch in der mündlichen Verhandlung wird Frau K. dem Richter erklären, dass sie eine Wiederherstellung der ehelichen Lebensgemeinschaft ablehnt. Helma K. wird geschieden werden, es sei denn, ihrem Ehemann gelingt es, im Einzelnen überzeugend darzulegen, dass die Ehe keineswegs zerrüttet, vielmehr mit der Wiederherstellung der ehelichen Lebensgemeinschaft zu rechnen ist.

Von einer **streitigen Scheidung** spricht man demnach, wenn

- die Eheleute seit mindestens einem Jahr innerhalb der ehelichen Wohnung oder räumlich getrennt leben,
- es nicht erwartet werden kann, dass die eheliche Lebensgemeinschaft wiederhergestellt wird und

- eine der Parteien nicht geschieden werden will.
- Eine einverständliche Regelung über die Folgesachen gem. § 630 ZPO ist nicht erforderlich.

III. Scheidung wegen unzumutbarer Härte

In besonderen Fällen kann auch **ohne** Abwarten des **Trennungsjahres** eine Ehe geschieden werden. Dies ist nach § 1565 Abs. 2 BGB dann der Fall, wenn die Fortsetzung der Ehe für den Antragsteller aus Gründen, die in der Person des anderen Ehegatten liegen, eine unzumutbare Härte darstellen würde. Dabei müssen schwerwiegende Tatbestände vorliegen. Sogenannte Härtefälle sind in der Regel:

- Verletzung der ehelichen Treue,
- körperliche Misshandlungen oder
- massiver Alkoholmissbrauch.

Allerdings ist hier keine einheitliche Rechtsprechung festzustellen. Einige **Gerichte** lassen den Fall der ehelichen Untreue gelten, andere verlangen zumindest Offenkundigkeit, wobei es auf die Art und Weise sowie die Begleitumstände der Treueverletzung ankommt. Diese können unter Umständen so gravierend sein, dass es dem Antragsteller wegen der besonders tiefgreifenden Persönlichkeitsverletzung nicht zugemutet werden kann, das Trennungsjahr einzuhalten. Die **Beweislast** für die Voraussetzungen des § 1565 Abs. 2 BGB hat der Antragsteller, also derjenige, der sich auf die Härtefallregelung beruft. Kann z. B. die körperliche Misshandlung oder die eheliche Untreue des anderen Ehepartners vor Gericht nicht bewiesen werden, wird das Scheidungsbegehren keinen Erfolg haben. Möglicherweise ist dann aber aufgrund der Dauer des Verfahrens mittlerweile das Trennungsjahr abgelaufen, so dass das Scheidungsbegehren auf § 1565 Abs. 1 BGB gestützt werden kann.

Beispiel: Irene D. aus Oberhausen ist von ihrem Ehemann brutal misshandelt worden. Sie hat einen Nasenbein- und einen Schulterbruch erlitten, sowie zahlreiche Prellungen und Hämatome am ganzen Körper. Eine Nachbarin hat die Polizei zur Hilfe geholt, die den Ehemann sofort festnahm. Irene D. ist zunächst stationär in einem Krankenhaus behandelt worden und lebt inzwischen in einem Frauenhaus in der näheren Umgebung. Sie möchte so schnell wie möglich geschieden werden, obwohl sie erst seit einigen Tagen von ihrem Ehemann getrennt lebt.

Irene D. kann hier schon vor Ablauf des sonst obligatorischen Trennungsjahres geschieden werden, weil die Fortsetzung der Ehe aus Gründen, die in der Person des Ehemannes liegen, eine unzumutbare Härte darstellen würde. Da sie keine Probleme haben wird, dass schwerwiegende Fehlverhalten ihres Ehemannes vor Gericht, z. B. mit Hilfe von Zeugenaussagen und ärztlichen Attesten, zu beweisen, kann sie das Scheidungsverfahren sofort einleiten.

IV. Scheidung nach 3jähriger Trennung

Beispiel: Christina H. aus Berlin lebt seit 3 Jahren von ihrem Ehemann getrennt. Im Scheidungsverfahren erklärt der Ehemann, nicht geschieden werden zu wollen.

Nach § 1566 Abs. 2 BGB wird „unwiderlegbar vermutet" so heißt es juristisch – dass eine Ehe **gescheitert** ist, wenn die Eheleute seit 3 Jahren getrennt leben. Diese Regelung hat der Gesetzgeber an Hand der allgemeinen Lebenserfahrung getroffen. Es ist nämlich davon auszugehen, dass der Entschluss sich scheiden zu lassen, nach 3jähriger Trennungszeit endgültig ist. Auf den entsprechenden Willen des Antragsgegners kommt es somit nicht mehr an. Das Gericht braucht auch nicht mehr das Scheitern der Ehe festzustellen oder gar zu überprüfen. Die Ehe der Christine H. wird daher geschieden werden.

V. Keine Scheidung auf Grund von Härteklauseln

Beispiel: Dagmar L. aus Hattingen lebt schon seit 3 Jahren von ihrem vermögenden Ehemann getrennt. Bei Durchführung der Scheidung müsste der Ehemann erhebliche Vermögenswerte auf seine Ehefrau übertragen. Der Ehemann lehnt die Scheidung ab mit der Begründung, dass diese ihn finanziell ruinieren würde.

Trotz des Scheiterns wird eine Ehe nicht geschieden, wenn die Voraussetzungen des § 1568 BGB gegeben sind:

> Die Ehe soll nicht geschieden werden, obwohl sie gescheitert ist, wenn und solange die Aufrechterhaltung der Ehe, im Interesse der aus der Ehe hervorgegangenen minderjährigen Kinder aus besonderen Gründen ausnahmsweise notwendig ist oder die Scheidung für den Antragsgegner, der sie ablehnt, aufgrund außergewöhnlicher Umstände eine so schwere Härte darstellen würde, dass die Aufrechterhaltung der Ehe auch unter Berücksichtigung der Belange des Antragsteller ausnahmsweise geboten erscheint.

Es handelt sich hierbei um eine **Schutzvorschrift** zu Gunsten der minderjährigen Kinder und des Ehepartners, der die Scheidung ablehnt. Sie kann in extremen Ausnahmefällen sogar dazu führen, dass eine Ehe auf Lebenszeit nicht geschieden werden kann. Wegen ihres Ausnahmecharakters sind strenge Maßstäbe anzulegen.

Die in der Vorschrift enthaltene **Kinderschutzklausel** kommt dann zum Tragen, wenn festgestellt wird, dass das Festhalten an der bereits zerrütteten Ehe dem Wohle der Kinder dient, wobei es in erster Linie um immaterielle, psychische Gründe geht, die in der Person des Kindes liegen. Es könnte z. B. der Fall eintreten, dass sich durch eine Scheidung die psychische Befindlichkeit eines Kindes so sehr verschlechtern würde, dass das **Kindeswohl** gefährdet wäre. Da es sich hierbei um ein subjektives Merkmal handelt, dessen Vorliegen nur sehr schwer feststellbar ist, wird das Problem häufig ohne Einschaltung eines psychologischen Sachverständigen nicht zu lösen sein. Stellt z. B. das Gericht aufgrund eines Gutachtens fest, dass bei einem Kind im Fall der Scheidung die ernsthafte Gefahr der Selbsttötung besteht, so dürfte die Voraussetzung des § 1568 BGB gegeben sein.

Auch die in der Vorschrift enthaltene **Ehegattenschutzklausel** stellt einen seltenen Ausnahmefall dar. Ob für den betroffenen Ehegatten die Scheidung aufgrund außergewöhnlicher Umstände eine so schwere Härte darstellt, dass diese abzulehnen ist, ist objektiv kaum messbar. Die Intensität einer schweren unzumutbaren Härte ist auch hier in der Regel nur mit Hilfe eines psychologischen Sachverständigen feststellbar. Ergibt die psychologische Untersuchung bei dem Betroffenen, dass die Scheidung für diesen zu einer tiefen Depression oder dem Verlust des seelischen Selbstwertgefühls führt und sich somit der Gesundheitszustand des nicht scheidungswilligen Ehepartners erheblich verschlechtert, so kann unter Umstän-

den der Scheidungsantrag unter Berufung auf § 1568 BGB zurückgewiesen werden.

Allerdings ist zu bedenken, dass die Anwendung der Härteklausel
nicht vor **Trennung** oder **Auszug** des Partner schützt.

Im vorliegenden Fall jedoch kann der Ehemann allein mit Hin-
weis auf die drohenden **finanziellen Nachteile** die Scheidung nicht
verhindern.

VI. Neue Bundesländer und Scheidungsvoraussetzungen

Auch für die Ehen, die in der ehemaligen DDR geschlossen wurden, gelten die zuvor genannten Scheidungsvoraussetzungen. Dies
ergibt sich aus dem Grundsatz des Artikels 234 § 1 des Einführungs-
gesetzes zum Bürgerlichen Gesetzbuch (EGBGB). Dort heißt es:

Das vierte Buch des Bürgerlichen Gesetzbuches gilt für alle familienrechtli-
chen Verhältnisse, die am Tage des Wirksamwerdens des Beitritts bestehen,
soweit im folgenden nichts anderes bestimmt ist.

VII. Scheidung ausländischer und gemischt-nationaler Ehen

Haben die Eheleute eine fremde Staatsangehörigkeit, so können
sie in Deutschland nach dem für sie geltenden Heimatrecht geschieden werden. Ist ein Ehepartner Deutscher und haben die Eheleute
ihren Lebensmittelpunkt in Deutschland, so ist deutsches Recht anzuwenden. Lebt ein deutsches Ehepaar im Ausland, so besteht die
Möglichkeit die Scheidung vor dem Amtsgericht Berlin – Schöneberg durchzuführen.

B. Scheidungsfolgen I: Scheidungsfolgen, die zwingend von Amts wegen geregelt werden müssen

Mit der Eherechtsreform im Jahre 1977 ist der **Versorgungsausgleich** erstmals gesetzlich geregelt worden. Das frühere Scheidungsrecht kannte eine solche Regelung nicht, was zur Folge hatte, dass viele, insbesondere nicht berufstätige Frauen im Alter Sozialhilfe in Anspruch nehmen mussten. Entweder waren die eigenen Rentenanwartschaften der Frauen sehr gering oder sie hatten sich nach der Eheschließung ihre Rentenanwartschaften auszahlen lassen.

Der Versorgungsausgleich bezweckt, dass die **Renten- und Pensionsanwartschaften,** die von beiden Eheleuten während der Ehezeit erworben wurden, **ausgeglichen** werden. Berufstätigkeit und Haushaltsführung sollen dabei gleichgestellt werden. In den meisten Fällen ist es heute immer noch so, dass die Ehefrau Anspruch auf eine anteilige Übertragung von Rentenanwartschaften ihres Mannes hat.

Mit dem am 1. 9. 2009 in Kraft getretenen Gesetz zur Strukturreform des Versorgungsausgleichs (VAStrRef) sind die gesetzlichen Regelungen zum Versorgungsausgleich grundlegend geändert worden. Das neue Versorgungsausgleichsgesetz (VersAusglG) ist Teil des Gesetzes zur Strukturreform des Versorgungsausgleiches. Ziel der Reform ist eine gerechtere und schnellere Aufteilung an den gemeinsam erworbenen Ansprüchen.

Bis zum 30. 8. 2009 wurde im Rahmen einer Gesamtbilanzierung ausgerechnet, welche Rentenanwartschaften zum Eheende jedem Ehegatten zustünden, bezogen nur auf die in die Ehezeit erworbenen Anrechte. Ähnlich wie bei der Berechnung des Zugewinnausgleiches wurden diese Rentenanwartschaften verglichen. Der Ehepartner mit den geringeren Rentenanwartschaften hatte dann gegen den anderen Ehepartner einen Anspruch auf Übertragung oder Begründung von Rentenanwartschaften. Dabei waren sämtliche in den Ausgleich einzubeziehenden Versorgungen hinsichtlich ihrer Wertigkeit an den gesetzlichen Rentenversicherungen zu messen. Dieses System basierte auf Bewertungen und Umrechnungen und war hoch kompliziert.

Mit dem neuen Versorgungsausgleichsgesetz wird jedes Anrecht eines Ehegatten auf Versorgung grundsätzlich intern geteilt. Es müssen nicht mehr alle Anrechte vergleichbar gemacht werden. Die Barwertverordnung zur Umwertung nicht vergleichbarer Anrechte entfällt damit. Durch die Reform können auch betriebliche und private Anrechte schon im Wertausgleich bei der Scheidung geteilt und damit abschließend geregelt werden. Dadurch kann jeder Ehegatte zugleich ausgleichsberechtigt und ausgleichspflichtig sein, wenn beide Partner Versorgungsanrechte erworben haben. Es entstehen allerdings keine umrechnungsbedingten Wertverluste mehr. Die berechtigten Ehepartner erhalten nämlich jeweils die Hälfte des Ehezeitanteils der Anrechte auf ein eigenes Versorgungskonto beim Versorgungsträger des Pflichtigen. Nur im Ausnahmefall erfolgt der Ausgleich der Anwartschaften durch externe Teilung.

Unter Ehezeit versteht man nach § 3 Versorgungsausgleichsgesetz:

(1) Die Ehezeit im Sinne dieses Gesetzes beginnt mit dem ersten Tag des Monats, in dem die Ehe geschlossen worden ist; sie endet am letzten Tag des Monats vor Zustellung des Scheidungsantrags.

Der schuldrechtliche Versorgungsausgleich kommt in einigen Fällen als Auffanglösung auch nach dem neuen Recht weiterhin in Betracht. Die Anwendungsfälle sind im Gesetz abschließend geregelt.

1. Klärung der Versorgungsansprüche

Alle Versorgungsansprüche, die von den Ehegatten während der Ehezeit erworben wurden, sind ausgleichspflichtig. Ausgleichungsfähig sind die **Rentenanwartschaften** in der Deutschen Rentenversicherung Bund, der Knappschaftsversicherung, der Beamtenversorgung sowie die Anwartschaften auf eine Betriebsrente etc. Bestimmte Renten wie z.B. Schadensersatzrente nach einem Unfall sind vom Versorgungsausgleich ausgenommen.

Beispiel: Wilhelmine W. aus Duisburg ist mit ihrem Ehemann Willi W. seit 30 Jahren verheiratet. Aus der Ehe sind drei Kinder, Peter, Christoph und Petra hervorgegangen. Der Ehemann hat während der gesamten Ehezeit versicherungspflichtig als Angestellter gearbeitet. Wilhelmine W. ist nicht berufstätig; sie hat sich um den Haushalt und die Kinder gekümmert. Jetzt will Wilhelmine W. geschieden werden und fragt nach dem Versorgungsausgleich.

Sobald der Scheidungsantrag bei Gericht eingereicht ist und die Gerichtskosten eingezahlt sind, werden beiden Eheleuten zur Ermittlung des Versorgungsausgleiches vom Gericht umfangreiche Formulare zugestellt, die ausgefüllt und unterschrieben wieder an das Gericht zurückgesandt werden müssen.

Die zuständigen Versicherungsämter sind beim Ausfüllen der Unterlagen behilflich; sie erteilen auch gern weitere Auskünfte. Den Fragebögen ist aber auch ein Erläuterungsbogen beigefügt, so dass wahrscheinlich jeder die Fragen beantworten kann. Jeder Ehepartner erhält eine Kopie des Antragsformulars des anderen Ehepartners. Beide können schon jetzt gegenseitig kontrollieren, ob die Angaben wahrheitsgemäß gemacht wurden.

Fortsetzung des Beispiels: Willi W. hat während der Ehezeit 1.000,00 € Rentenanwartschaften erworben. Aus den Erziehungszeiten errechnet sich für Wilhelmine W. ein Rentenanteil in Höhe von 300,00 € monatlich, so dass sich eine Differenz zwischen beiden Rentenanwartschaften in Höhe von 700,00 € ergibt. Von dem Rentenkonto des Willi W. bei der Deutschen Rentenversicherung ist die Hälfte des Differenzbetrages, in diesem Fall also 350,00 € auf das Rentenkonto der Wilhelmine W. zu übertragen.

Eine Verrechnung ist nach neuem Recht deshalb möglich, da hier die Versorgungsanrechte bei dem gleichen Rentenversicherungsträger erworben wurden. Damit ist sichergestellt, dass Wilhelmine W. bei Eintritt ins Rentenalter einen eigenen Rentenanspruch gegenüber dem Versicherungsträger in Höhe von 650,00 € hat. Willi W. hingegen wird im Rentenfall eine um 350,00 € verminderte Rente beziehen. Will er dies verhindern, muss er seine Rente durch zusätzliche Einzahlungen aufstocken. Hierzu sollte er sich bei einem Rentenberater informieren.

2. Durchführung des Versorgungsausgleiches

a) interne Teilung

§ 10 Versorgungsausgleichsgesetz. (1) Das Familiengericht überträgt für die ausgleichsberechtigte Person zulasten des Anrechts der ausgleichspflichtigen Person ein Anrecht in Höhe des Ausgleichswerts bei dem Versorgungsträger, bei dem das Anrecht der ausgleichspflichtigen Person besteht (interne Teilung).

(2) Sofern nach der internen Teilung durch das Familiengericht für beide Ehegatten Anrechte gleicher Art bei demselben Versorgungsträger auszugleichen sind, vollzieht dieser den Ausgleich nur in Höhe des Wertunterschieds nach Verrechnung. Satz 1 gilt entsprechend, wenn verschiedene Versorgungsträger zuständig sind und Vereinbarungen zwischen ihnen eine Verrechnung vorsehen.

(3) Maßgeblich sind die Regelungen über das auszugleichende und das zu übertragende Anrecht.

Mit der vorstehenden Regelung erhält der ausgleichsberechtigte Ehepartner ein eigenes Anrecht im Versorgungssystem des Ausgleichspflichtigen. Die Anwartschaft des Ausgleichsverpflichteten wird gleichermaßen gekürzt. Haben die Eheleute gleiche Rentenanwartschaften, findet der Ausgleich nur in Höhe der Wertdifferenz statt. Bei der Aufteilung der betrieblichen Altersversorgung erhält der ausgleichsberechtigte Ehepartner die Hälfte der Anrechte, die in die Ehezeit fallen. Er wird dann so wie ein ausgeschiedener Arbeitnehmer mit unverfallbaren Ansprüchen im Sinne des BetrAVG behandelt.

b) externe Teilung

§ 14 Versorgungsausgleichsgesetz. (1) Das Familiengericht begründet für die ausgleichsberechtigte Person zulasten des Anrechts der ausgleichspflichtigen Person ein Anrecht in Höhe des Ausgleichswerts bei einem anderen Versorgungsträger als demjenigen, bei dem das Anrecht der ausgleichspflichtigen Person besteht (externe Teilung).

Eine externe Teilung wird gemäß §14 Versorgungsausgleichsgesetz nur dann durchgeführt, wenn der Ausgleichsberechtigte mit dem Versorgungträger des Ausgleichsverpflichteten eine Einigung darüber trifft oder der Versorgungträger des ausgleichspflichtigen Ehegatten eine externe Teilung verlangt und es sich um einen Bagatellbetrag handelt. Dabei hat der berechtigte Ehepartner grundsätzlich ein Wahlrecht, ob z.B. eine bestehende Lebensversicherung aufgestockt wird oder eine neue Versorgung für ihn begründet wird (vgl. § 15 VersAusglG). Wird das Wahlrecht nicht ausgeübt, wird das Anrecht in der gesetzlichen Rentenversicherung begründet.

> **Hinweis:** Aufgrund dessen, dass die Verwendung in der gesetzlichen Rentenversicherung sehr teuer ist, hat der Gesetzgeber beschlossen, ab dem 1.9.2009 eine „Versorgungsausgleichskasse" einzurichten. Diese Versorgungsausgleichskasse ersetzt die gesetzliche Rentenversicherung als Zielversorgungsträger.

> **Achtung:** Das Wahlrecht muss in sachdienlicher Weise ausgeübt werden! Die Auszahlung des anteiligen Kapitalwertes kann auch eine Steuerpflicht beim ausgleichspflichtigen Ehepartner auslösen. Vor Ausübung des Wahlrechtes sollte ein individueller juristischer Rat eingeholt werden!

Es wird häufig keinen Sinn machen, die externe Teilung über die gesetzliche Rentenversicherung durchzuführen. In den meisten Fällen dürfte es sinnvoller sein, eine bestehende Lebensversicherung auf Rentenbasis zu erhöhen oder eine neue Versicherung abzuschließen. Bei der externen Teilung zahlt der Versorgungsträger des ausgleichspflichtigen Ehepartners den Ausgleichswert als Kapitalbetrag an den Versorgungsträger des ausgleichsberechtigten Ehepartners (vgl. § 14 Abs. 4 VersAusglG).

c) schuldrechtlicher Versorgungsausgleich

§ 20 Versorgungsausgleichsgesetz. (1) Bezieht die ausgleichspflichtige Person eine laufende Versorgung aus einem noch nicht ausgeglichenen Anrecht, so kann die ausgleichsberechtigte Person von ihr den Ausgleichswert als Rente (schuldrechtliche Ausgleichsrente) verlangen. Die auf den Ausgleichswert entfallenden Sozialversicherungsbeiträge oder vergleichbaren Aufwendungen sind abzuziehen. § 18 gilt entsprechend.

Anrechte, die nicht im Verbund bei der Scheidung durch den Wertausgleich ausgeglichen werden können, müssen später ausgeglichen werden.

15

Diese Ausgleichsansprüche sind allerdings gegenüber dem Wertausgleich bei der Scheidung subsidiär. Sie kommt nur insoweit in Betracht, als der Wertausgleich kraft Gesetzes oder infolge einer Vereinbarung der Ehepartner ausgeschlossen ist. Am häufigsten wird der schuldrechtliche Versorgungsausgleich für alle im Scheidungsverfahren noch nicht ausgeglichenen Rechte, insbesondere für die erst nach der Ehescheidung unverfallbar werdenden Anwartschaften, in Betracht kommen. Ansprüche auf Betriebsrenten werden unverfallbar, wenn der Arbeitnehmer das 30. Lebensjahr vollendet und die Versorgungszusage für ihn mindestens 5 Jahre bestanden hat (§ 1 b I 1 BetrAVG).

Der Anspruch auf schuldrechtlichen Versorgungsausgleich ist jedoch erst fällig, wenn der ausgleichsberechtigte Ehepartner selbst Rentner ist und der ausgleichsberechtigte Ehepartner

(1) eine eigene laufende Versorgung im Sinne des § 2 VersAusglG bezieht,

(2) die Regelaltersgrenze in der gesetzlichen Rentenversicherung erreicht hat, oder

(3) die gesundheitlichen Voraussetzungen für eine laufende Versorgung wegen Invalidität erfüllt hat (vergl. § 20 Abs. 2 VersAusglG).

Der schuldrechtliche Versorgungsausgleich soll nicht durchgeführt werden, wenn er geringfügig ist, § 20 Abs. 3 VersAusglG.

Diese Regelung hat Nachteile und bedeutet für manchen Berechtigten eine unzumutbare Härte, z. B. dann, wenn der Verpflichtete stirbt, bevor er den Versorgungsausgleich erlebt, sodass der schuldrechtliche Versorgungsausgleich nicht mehr durchgeführt werden kann, mit der Folge, dass der Berechtigte keine Geldrente mehr vom Verpflichteten erhält. Dies ergibt sich aus § 31 III 1 VersAusglG.

Es bleiben jedoch Ansprüche auf Erfüllung bzw. auf Schadensersatz wegen Nichterfüllung für die Vergangenheit und können gegen die Erben geltend gemacht werden, vgl. § 31 III 2 i. V. m. § 1586 II 1 BGB. Zu Gunsten des ausgleichsberechtigten Ehepartners kann aber ein verlängerter schuldrechtlicher Ausgleich durch Teilhabe an der Hinterbliebenenversorgung gem. § 25 VersAusglG in Betracht kommen. Selbst nach dem Tode des ausgleichspflichtigen Ehegatten behält der Berechtigte einen Anspruch auf Zahlung einer Ausgleichsrente gegenüber dessen Versorgungsträger.

Der eher seltene schuldrechtliche Versorgungsausgleich tritt am häufigsten dann ein, wenn die Betriebsrente noch verfallbar ist.

Beispiel: Der 27-jährige Adelbert K. ist seit 5 Jahren bei einem großen Chemiekonzern beschäftigt. Seine Ehefrau Renate K. reicht nach 5-jähriger Ehe die Scheidung ein. Im Rahmen des Ehescheidungsverfahrens führt das Gericht den öffentlich-rechtlichen Versorgungsausgleich durch. Es stellt fest, dass Adelbert K. Anspruch auf eine Betriebsrente hat, die allerdings noch nicht unverfallbar ist. Renate K. fragt, ob diese Betriebsrente bei der Durchführung des Versorgungsausgleichs berücksichtigt werden kann.

Da eine Berücksichtigung der Betriebsrente weder durch interne noch externe Teilung möglich ist, kommt nur ein schuldrechtlicher Versorgungsausgleich in Betracht (vgl. § 20 VersAusglG). Das Gericht wird Renate K. deshalb darüber informieren, dass Ansprüche auf eine Beteiligung an der Betriebsrente frühestens dann geltend gemacht werden können, wenn Adelbert K. die Betriebsrente bezieht und auch Renate K. Rentnerin wird, krankheitsbedingt nicht mehr arbeiten kann oder die Regelaltersgrenze erreicht hat. Die Ehefrau muss dann, wenn beide Ehepartner im Rentenalter sind, beim Familiengericht einen entsprechenden Antrag auf Durchführung des schuldrechtlichen Versorgungsausgleiches stellen.

Der schuldrechtliche Versorgungsausgleich nach neuem Recht ist für den Ausgleichspflichtigen günstiger, da nunmehr für die Berechnung auf die Rente nach Abzug von Kranken- und Pflegeversicherungsbeiträge abzustellen ist.

3. Ausschluss des Versorgungsausgleiches

Das neue Versorgungsausgleichsgesetz sieht einige Fälle vor, in denen ein Versorgungsausgleich nicht stattfindet

a) kurze Ehezeit

§ 3 Abs. 3 VersAusglG. Bei einer Ehezeit von bis zu drei Jahren findet ein Versorgungsausgleich nur statt, wenn ein Ehegatte dies beantragt.

Danach findet ein Versorgungsausgleich bei einer Ehezeit bis zu 3 Jahren grundsätzlich nicht statt. Es ist jedoch ein Antragsrecht auch bei kurzer Ehezeit vorgesehen. Dabei wurde an die Fälle gedacht, in denen der ausgleichsverpflichtete Ehepartner sich während der Betriebszugehörigkeit einer hohen Versorgung hat zusagen lassen oder in denen der ausgleichsverpflichtete Ehepartner Vermögensbeträge zum Aufbau eines dem Versorgungsausgleich unterliegenden Anrechts verwendet wurden und sich dadurch der Zugewinn vermindert.

Merke: Für den Antrag auf Durchführung des Versorgungsausgleichs bei kurzer Ehezeit besteht kein Anwaltszwang. Insoweit muss der nicht anwaltlich vertretene Ehegatte für diesen Antrag keinen eigenen Rechtsanwalt beauftragen.

---

b) Ausschluss durch Vereinbarung

Gemäß § 6 Abs. 1 Nr. 2 VersAusglG findet ein Versorgungsausgleich nicht statt, wenn die Ehepartner diesen durch Vereinbarung ausgeschlossen haben. Nach § 7 Abs. 1 und 2 VersAusglG ist diese Vereinbarung gerichtlich zu protokollieren oder notariell zu beurkunden, wenn sie vor Rechtskraft der Entscheidung über den Wertausgleich bei der Scheidung getroffen wird.

Achtung: Vereinbarungen über den Versorgungsausgleich bedürfen nicht mehr der richterlichen Genehmigung so wie bisher gem. § 1587 o BGB!

Voraussetzung für die Genehmigung durch das Gericht war die Überprüfung der Angemessenheit des Ausgleiches. Auch ist die Vorschrift des § 1408 Abs. 2 S. 2 BGB ersatzlos gestrichen worden, wonach noch der vereinbarte Ausschluss des Versorgungsausgleiches unwirksam wird, wenn innerhalb einer Jahresfrist Scheidungsantrag eingereicht wird.

c) Ausschluss wegen grober Unbilligkeit

§ 27 Versorgungsausgleichsgesetz. Ein Versorgungsausgleich findet ausnahmsweise nicht statt, soweit er grob unbillig wäre. Dies ist nur der Fall, wenn die gesamten Umstände des Einzelfalls es rechtfertigen, von der Halbteilung abzuweichen.

Es gibt nunmehr eine einheitliche Härteklausel für alle Fallgruppen des Versorgungsausgleiches. Danach müssen die gesamten

Umstände des Einzelfalles es rechtfertigen, von dem Halbteilungsgrundsatz abzuweichen. Jeder Einzelfall ist zu prüfen. Ein Härtefall liegt sicherlich dann vor, wenn der oder die Berechtigte längere Zeit der Pflicht, zum Familienunterhalt beizutragen, nicht nachgekommen ist oder durch eigenes Handeln oder Unterlassen bewirkt hat, dass keine eigenen Rentenanwartschaften erworben wurden. Ein Beispiel hierfür ist die sogenannte Studentenehe, in der der Ehemann während der Ehezeit studiert und die Ehefrau gearbeitet und sich um den Haushalt und die Kinder gekümmert hat, zu ihren Lasten aber der Versorgungsausgleich durchgeführt werden müsste. Der Ausschluss des Versorgungsausgleiches soll nach wie vor jedoch nur in wenigen Ausnahmefällen greifen. Zum Beispiel wird eine Ehefrau den Ausschluss des Versorgungsausgleiches nicht durchsetzen können, wenn sie während der gesamten Ehezeit bei ihrem selbstständigen Ehemann angestellt war, obwohl ihr das Gehalt nie ausgezahlt wurde. In diesem Fall muss die Ehefrau grundsätzlich einen Teil ihrer Rente auf den Ehemann übertragen, da dieser aufgrund seiner Selbstständigkeit keine eigenen Rentenanwartschaften erworben hat. Dies wird im Fall, dass die Eheleute im gesetzlichen Güterstand der Zugewinngemeinschaft leben, jedoch häufig kompensiert. Verfügt der Ehemann nämlich über Kapitallebensversicherungen, so wird die Ehefrau im Rahmen des Zugewinnausgleiches daran zu beteiligen sein. Besteht dagegen Gütertrennung, kommt ein solcher Ausgleich nicht in Betracht, sodass dann die Durchführung des Versorgungsausgleiches eine große unbillige Härte darstellen würde. Im Ergebnis müsste nämlich die Ehefrau Teile ihrer Rentenanwartschaften auf ihren Ehemann übertragen, während dieser durch seine Kapitallebensversicherung bereits eine ausreichende Altersversorgung aufgebaut hat.

Beispiel: Anne O. aus Hamburg ist bei ihrem Ehemann Heinz O. als kaufmännische Angestellte beschäftigt. Ihr monatliches Nettoeinkommen in Höhe von 1.000,00 € wird nicht an sie ausgezahlt. Allerdings übernimmt ihr Ehemann die Pflichtversicherungsbeiträge, insbesondere auch für die Rentenversicherung. Die Eheleute O. haben durch einen notariellen Vertrag den gesetzlichen Güterstand der Zugewinngemeinschaft ausgeschlossen und Gütertrennung vereinbart. Während Anne O. lediglich

Rentenanwartschaften bei der Deutschen Rentenversicherung Bund erworben hat, verfügt ihr Ehemann über eine ausreichende Altersversorgung in Form von privaten Kapitallebensversicherungen. Im Rahmen der Ehescheidung möchte Anne O. verhindern, dass der öffentlich-rechtliche Versorgungsausgleich durchgeführt wird, da sie von ihren Rentenanwartschaften einen Teil auf das Rentenkonto ihres Mannes übertragen müsste. Sie hält die Durchführung des Versorgungsausgleiches für eine unzumutbare Härte, da ihr Ehemann ja bereits eine weit bessere Altersversorgung aufgebaut hat, an der sie auf Grund der Gütertrennung nicht beteiligt ist. Der Ehemann ist der Auffassung, dass der öffentlich-rechtliche Versorgungsausgleich durchzuführen sei.

Durch die Einführung des Versorgungsausgleiches wollte der Gesetzgeber erreichen, dass Eheleute eine zumindest annähernd gleichwertige Altersversorgung aufbauen können, unabhängig davon, ob sie nun berufstätig sind oder nicht. Würde man im vorliegenden Fall den öffentlich-rechtlichen Versorgungsausgleich durchführen, hätte man genau das Gegenteil erreicht. Der ohnehin durch private Kapitallebensversicherungen ausreichend versorgte Ehemann würde noch aus den geringen Rentenanwartschaften seiner Ehefrau Anteile erhalten, wodurch sich die Versorgung der Ehefrau weiter verschlechtert. Demnach wäre die Durchführung des Versorgungsausgleiches grob unbillig, so dass Anne O. verlangen kann, dass er ausgeschlossen wird.

4. Vereinbarungen über den Versorgungsausgleich

Die Eheleute können auch eine Vereinbarung dahingehend treffen, dass der Versorgungsausgleich nur der Höhe nach beschränkt oder einzelne Anrechte – etwa die Betriebsrente – aus dem Versorgungsausgleich herausgenommen werden. Ferner kann der Versorgungsausgleich auch auf nur einen Teil der Ehezeit beschränkt werden.

5. Wesentliche Änderungen nach neuem Recht

a) Kostentragungspflicht

Die Kosten für die interne Teilung der Anrechte haben nunmehr die Ehepartner zu übernehmen, § 13 VersAusglG.

b) Wegfall des Rentnerprivilegs

Das sogenannte Rentnerprivileg ist im neuen Versorgungsausgleich ersatzlos gestrichen worden. Dies bedeutet, dass die Rentenanwartschaften des Ausgleichspflichtigen sofort nach Rechtskraft der Entscheidung über den Versorgungsausgleich gekürzt werden, unabhängig davon, ob der ausgleichsberechtigte Ehepartner bereits im Rentenalter ist. Nach bisherigem Recht wurden die Rentenanwartschaften nicht gekürzt, wenn der Ausgleichsverpflichtete bei Einreichung der Scheidung bereits Rentner oder Pensionär war und der ausgleichsberechtigte Ehepartner noch keine Rente bezogen hat. Das neue Recht stellt insoweit eine eindeutige Verschlechterung für den einzelnen Ausgleichsverpflichteten dar. Diese Regelung wird sicherlich einer verfassungsrechtlichen Überprüfung zugeführt werden. Das bisherige Rentnerprivileg gilt nur weiter, wenn das Scheidungsverfahren vor dem 1. 9. 2009 eingeleitet wurde und der Ausgleichsverpflichtete vor dem 1. 9. 2009 Rentner oder Pensionär wurde.

c) Wegfall des Unterhaltsprivilegs

Bis zum 1. 9. 2009 wurde der Abzug aus dem Versorgungsausgleich nicht sofort vorgenommen, wenn der ausgleichspflichtige Ehepartner Rentner wurde und dem anderen Ehegatten zu Unterhaltszahlungen verpflichtet war. Die Rente wurde erst dann gekürzt, wenn auch der andere Ehepartner in Rente ging. Nach neuem Recht ist eine Einschränkung dahingehend vorgenommen worden, dass nur noch der tatsächlich gezahlte Unterhalt von der Kürzung ausgenommen ist. Der Ausgleichspflichtige erhält also nicht mehr die volle Rente, § 33 Abs. 3 VersAusglG. Die Mindesthöhe des Unterhaltsanspruchs beträgt derzeitig 50,00 € monatlich.

d) Heimfallprivileg

§ 37 Versorgungsausgleichsgesetz. (1) Ist die ausgleichsberechtigte Person gestorben, so wird ein Anrecht der ausgleichspflichtigen Person auf Antrag nicht länger auf Grund des Versorgungsausgleichs gekürzt. Beiträge, die zur Abwendung der Kürzung oder zur Begründung von Anrechten zugunsten der ausgleichsberechtigten Person gezahlt wurden, sind unter Anrechnung der gewährten Leistungen an die ausgleichspflichtige Person zurückzuzahlen.

(2) Die Anpassung nach Absatz 1 findet nur statt, wenn die ausgleichsberechtigte Person die Versorgung aus dem im Versorgungsausgleich erworbenen Anrecht nicht länger als 36 Monate bezogen hat.

(3) Hat die ausgleichspflichtige Person im Versorgungsausgleich Anrechte im Sinne des § 32 von der verstorbenen ausgleichsberechtigten Person erworben, so erlöschen diese, sobald die Anpassung wirksam wird.

Das Heimfallprivileg ist künftig auf 3 Jahre erweitert worden. Stirbt der ausgleichsberechtigte Ehepartner nach einem durchgeführten Versorgungsausgleich und sind unter Berücksichtigung der übertragenen Rentenanwartschaften aus seiner Versicherung keine oder nur Leistungen gewährt worden, die einen bestimmten Grenzbetrag nicht überschreiten, so ist die Rente des Ausgleichspflichtigen nicht um den Versorgungsausgleich zu mindern bzw. die Minderung rückgängig zu machen. Der Grenzbetrag ist auf 36 Monate Rentenbezug begrenzt. Erhielt die Ausgleichsberechtigte länger als 36 Monate Rente, verbleibt es auch nach dem Tod des Ausgleichsberechtigten bei der Kürzung der Rente des Ausgleichsverpflichteten bzw. kann eine Rückzahlung der Beträge nicht erfolgen.

C. Scheidungsfolgen II:
Scheidungsfolgen, die nicht zwingend von Amts wegen geregelt werden müssen

I. Sorgerecht

Bis zum 30. 6. 1998 war zwingend vorgeschrieben, dass im Scheidungsurteil die elterliche Sorge für die minderjährigen Kinder als Ehescheidungsfolgesachen mit geregelt werden musste, wenn aus der Ehe gemeinsame Kinder hervorgegangen waren. Mit der gesetzlichen Änderung ist die Entscheidung über die elterliche Sorge aus dem Zwangsverbund der Ehescheidung herausgenommen worden, das heißt, dass das Gericht sich nur noch auf **Antrag,** nicht mehr von Amts wegen mit der elterlichen Sorge befasst. Dem Antrag auf Übertragung der elterlichen Sorge wird stattzugeben sein, wenn erwartet werden kann, dass die Aufhebung der gemeinsamen Sorge und die Übertragung auf den antragstellenden Elternteil dem Wohl des Kindes am besten entspricht, § 1671 BGB:

§ 1671. Getrenntleben bei gemeinsamer elterlicher Sorge. (1) Leben Eltern, denen die elterliche Sorge gemeinsam zusteht, nicht nur vorübergehend getrennt, so kann jeder Elternteil beantragen, dass ihm das Familiengericht die elterliche Sorge oder einen Teil der elterlichen Sorge allein überträgt.

(2) Dem Antrag ist stattzugeben, soweit

1. der andere Elternteil zustimmt, es sei denn, dass das Kind das 14. Lebensjahr vollendet hat und der Übertragung widerspricht, oder

2. zu erwarten ist, dass die Aufhebung der gemeinsamen Sorge- und die Übertragung auf den Antragsteller dem Wohl des Kindes am besten entspricht.

(3) Dem Antrag ist nicht stattzugeben, soweit die elterliche Sorge auf Grund anderer Vorschriften abweichend geregelt werden muss.

Für die Übertragung der elterlichen Sorge auf einen Elternteil allein ist es nun nicht mehr ausreichend, vorzutragen, dass wegen der dauernden Trennung eine Regelung der elterlichen Sorge erforderlich ist. Es ist vielmehr vom Gesetzgeber gewollt, dass **beide Eltern-**

teile auch nach Trennung und Scheidung die elterliche Sorge **gemeinsam** wahrnehmen. Einigen sich die Eltern, dass entweder Mutter oder Vater das Sorgerecht übernehmen, so ist auch nach dem geänderten Recht eine Übertragung der elterliche Sorge auf einen Elternteil unproblematisch (§ 1671 Abs. 2 Satz 1 BGB).

Ist das Sorgerecht für die minderjährigen Kinder jedoch im Streit zwischen den Elternteilen, so muss genau geprüft werden, ob die Aufhebung der gemeinsamen Sorge und die Übertragung auf den antragstellenden Elternteil dem **Wohl des Kindes** am besten entspricht. Im Grunde müssen zwei Fragen beantwortet werden:

• Wieso ist die gemeinsame Sorge für das Kindeswohl nachteilig?
• Warum dient die Übertragung der elterliche Sorge auf den antragstellenden Elternteil dem Kindeswohl am meisten?

Es müssen somit wirklich **triftige Gründe** vorliegen, aufgrund derer der andere Elternteil nicht in der Lage ist, die elterliche Sorge mit auszuüben. Insoweit kommt es immer auf den Einzelfall an. Wichtig an der neuen Regelung ist, dass nunmehr jeder Elternteil, bei dem sich das Kind mit Einwilligung des Anderen oder auf Grund einer gerichtlichen Entscheidung gewöhnlich aufhält, die Befugnis zur alleinigen Entscheidung der Angelegenheiten des täglichen Lebens hat. Damit sind in der Regel solche Angelegenheiten der täglichen Betreuung gemeint, die häufig vorkommen und keine schwerwiegenden Auswirkungen auf die Entwicklung des Kindes haben.

In wirklich bedeutsamen Angelegenheiten müssen beide Elternteile gemeinsam entscheiden, § 1687 Abs. 1 Satz 1 BGB:

> Leben Eltern, denen die elterliche Sorge gemeinsam zusteht, nicht nur vorübergehend getrennt, so ist bei Angelegenheiten, deren Regelung für das Kind von erheblicher Bedeutung ist, ihr gegenseitiges Einvernehmen erforderlich.

Hiebei geht es um die Belange der Kindergarten-und Schulwahl, der Berufsausbildung, eines Auslandsaufenthaltes, etc., da diese Dinge Auswirkungen auf die Entwicklung des Kindes haben. Bei Gefahr im Verzug besteht nunmehr ein ausdrückliches **Alleinvertretungsrecht** jedes Elternteils, § 1629 Abs. 1 Satz 4 BGB. Jedes Elternteil kann in der konkreten Gefahrensituation alle Rechtshandlungen vornehmen, die dem Wohl des Kindes dienen. Er ist jedoch verpflichtet, dem anderen Elternteil umgehend Nachricht zu geben.

Im Falle der Trennung und Scheidung haben beide Elternteile einen Anspruch auf **Beratung** durch die Jugendämter oder andere Einrichtigungen. Die Beratung soll insbesondere helfen, Konflikte zu bewältigen und im Falle der Trennung oder Scheidung eine dem Kindeswohl entsprechende Regelung hinsichtlich der elterlichen Sorge zu treffen. Das Beratungsangebot enthält nunmehr auch eine angemessene Beteiligung der Kinder. Eine solche war im bisherigen Recht nicht ausdrücklich vorgesehen.

Nach wie vor werden die zuständigen Jugendämter über ein anhängiges Scheidungsverfahren informiert, jedoch nur um sicherzustellen, dass das Beratungsangebot den Eltern bekannt wird, wobei es keine Verpflichtung der Eltern gibt, das Beratungsangebot in Anspruch zu nehmen.

Beispiel: Erika B. aus Mönchgladbach ist seit einem Jahr von ihrem Ehemann getrennt. Sie lebt zusammen mit ihrem sechsjährigen Sohn Hendrik und der vierjährigen Tochter Sabine in ihrer eigenen Wohnung. Erika B. hat bereits das Scheidungsverfahren eingeleitet und beantragt die elterliche Sorge für die beiden Kinder für sich allein. Ihr Ehemann erklärt dem Gericht gegenüber dass er mit dieser Regelung einverstanden ist.

Das geänderte Recht will auf keinen Fall den Eltern die gemeinsame Sorge aufzwingen. Nach wie vor kann ein Elternteil die elterliche Sorge für sich beantragen. Erika B. wird die alleinige elterliche Sorge erhalten, allein schon deshalb, weil hier zwischen den Eheleuten Einvernehmen besteht und davon auszugehen ist, dass dies dem Wohl der Kinder entspricht.

Beispiel: Margret T. aus Köln lebt mit ihren beiden Söhnen Michael (7 Jahre) und Martin (8 Jahre) seit zwei Jahren in einer eigenen Wohnung. Das Scheidungsverfahren läuft noch. Während die Kinder in der Schule sind, geht Margret T. einer Aushilfstätigkeit als Verkäuferin nach. Sie holt die Kinder von der Schule ab und kümmert sich nachmittags um sie. Der Vater der Kinder ist selbständiger Versicherungskaufmann. Er hat sein Büro so organisiert, dass er morgens auswärtige Termine wahrnimmt und am Nachmittag einige Kunden zu sich nach Hause bittet. In seiner Wohnung hat er ebenfalls ein komplettes Kinderzimmer für die beiden Söhne eingerichtet. Beide Eheleute beantragen die elterliche Sorge für die beiden Kinder jeweils für sich allein.

Da beide Parteien die elterliche Sorge für sich allein beantragen, muss jede der Parteien einen gesonderten Antrag stellen und darlegen, dass die Aufhebung der gemeinsamen Sorge und die Übertragung auf den jeweiligen Partner dem Kindeswohl am besten entspricht.

Im Hinblick darauf, dass nunmehr der betreuende Elternteil alleine die Dinge des täglichen Lebens entscheiden kann, wird es bei dem geschilderten Fall schwierig sein, dass nur die Ehefrau das alleinige Sorgerecht erhält. Insbesondere ist zu berücksichtigen, dass es bisher dem Kindeswohl offensichtlich nicht geschadet hat, dass die Kinder zeitweise bei dem Vater, der ein Kinderzimmer eingerichtet hat, und zeitweise bei der Mutter leben. Sollte sich allerdings bei den Beratungsgesprächen im Jugendamt ergeben, dass das für die Ausübung der gemeinsamen Sorge erforderliche Mindestmaß an Einvernehmen zwischen den Eheleuten nicht zu erzielen ist, so dürfte dem Kindeswohl mit der Alleinsorge eines Elternteils besser gedient sein, als mit einer aufgezwungenen gemeinsamen Sorge. Können im vorliegenden Fall beide Parteien im Wesentlichen Einigungen über die Belange der Kinder erzielen, so dürften hier beide Anträge auf Übertragung der alleinigen elterlichen Sorge zurückgewiesen werden.

Beispiel: Michaela W. aus Duisburg und Ihr Ehemann Peter, beide Studenten der Sozialwissenschaften, haben sich einverständlich getrennt. Die vierjährige Tochter Vannessa lebt bei Michaela W. Der Ehemann Peter besucht seine Tochter täglich. Beide Elternteile haben den Wunsch, dass auch nach der durchzuführenden Scheidung das Sorgerecht bei beiden bleiben soll.

Im vorliegenden Falle sind sich beide Parteien einig, dass die elterliche Sorge gemeinsam ausgeübt werden kann. Nach dem geänderten Recht muss insoweit kein Antrag mehr gestellt werden. Das Gericht muss nicht mehr zwingend über die elterliche Sorge entscheiden. Beide Elternteile behalten die elterliche Sorge.

Sollte es **später** wegen der Belange der Kinder zu **erheblichen Problemen** zwischen den Elternteilen kommen, so besteht, auch nach dem geänderten Recht, die Möglichkeit einen entsprechenden Antrag auf Übertragung der elterlichen Sorge zu stellen. Ganz wichtig ist jedoch, dass nunmehr auch nur Teile der elterlichen Sorge, zum Beispiel das Recht der Schulwahl, auf den betreuenden Elternteil übertragen werden können.

Beispiel: Waltraud K. und ihr Ehemann Hans aus Oer-Erkenschwick haben sich bei der Scheidung dahingehend geeinigt, dass die elterliche Sorge für die Kinder Janick und Boris gemeinsam ausgeübt werden soll. Das Gericht musste daher über die elterliche Sorge nicht entscheiden. Einige Zeit nach der Ehescheidung schließt sich Hans K. einer religiös-fanatischen Sekte an und nimmt die beiden Kinder häufig zu Veranstaltungen dieser Sekte mit. Hans K. besteht darauf, dass die Kinder sich seinen neuen Lebensgewohnheiten anschließen. Waltraud K. ist entsetzt, weil sie die Lebensanschauung ihres geschiedenen Ehemannes nicht teilt und nicht wünscht, dass die Kinder unter den Einfluss einer Sekte geraten. Sie fragt, ob sie den Antrag stellen kann, dass ihr die alleinige elterliche Sorge übertragen wird.

Im vorliegenden Fall dürfte es der Kindesmutter gelingen, die alleinige elterliche Sorge zu erhalten, da die Fragen der zweistufigen Prüfung (siehe Seite 24) sicherlich zu ihren Gunsten beantwortet werden können. Die Aufhebung der gemeinsamen elterlichen Sorge entspricht deshalb dem Wohl der Kinder, weil hier die Gefahr besteht, dass die Kinder unter den Einfluss einer Sekte geraten und dies nicht mit dem **Kindeswohl** zu vereinbaren ist. Da hier mit einer teilweisen Übertragung des Sorgerechts den Kindern nicht gedient ist, wird in diesem Fall die elterliche Sorge ganz auf die Mutter übertragen werden. Vorausgesetzt ist natürlich, dass die Befürchtungen der Kindesmutter zutreffend sind. Bloße Behauptungen reichen nicht aus. Auch insoweit wird das Jugendamt die Elternteile beraten und auch ein entsprechendes Konzept vorschlagen, das dem Gericht als Entscheidungshilfe dienen kann.

1. Regelung der elterlichen Sorge für die Zeit des Getrenntlebens

Der geänderte § 1671 BGB gilt jetzt für alle Eltern, denen die elterliche Sorge gemeinsam zusteht. Die Vorschrift unterscheidet nicht mehr, wie das bisherige Recht, zwischen Getrenntleben und

Scheidung der Eltern. Es gelten daher die gleichen **Entscheidungs- kriterien.**

Beispiel: Bettina B. aus Wuppertal lebt von ihrem Ehemann seit drei Monaten getrennt. Mittlerweile wohnt sie mit ihrer kleinen Tochter Alexandra in Duisburg. In zwei Monaten möchte sie Alexandra in einer Waldorfschule anmelden. Der Ehemann ist mit dieser Regelung nicht einverstanden. Er möchte, dass seine Tochter in die nächstgelegene Grundschule geht.

Bettina B. muss hier einen Antrag auf Regelung der elterlichen Sorge beim zuständigen Familiengericht stellen. Um jedoch zu verhindern, dass ihr Antrag möglicherweise als unbegründet zurückgewiesen wird, ist eine umfangreiche Beratung durch einen Anwalt sowie das Jugendamt erforderlich. Möglicherweise reicht es in dem vorliegenden Fall aus, dass nur ein Teil der elterlichen Sorge übertragen wird, nämlich das Recht, die Schulwahl für die Tochter Alexandra zu treffen. Es gilt nicht mehr das „Alles oder Nichts"-Prinzip, da der Gesetzgeber nunmehr ausdrücklich eine Übertragung der elterlichen Sorge auch in Teilbereichen vorgesehen hat.

Zusammenfassend lässt sich daher feststellen, dass der Gesetzgeber mit der Neuregelung des Sorgerechts von getrenntlebenden oder geschiedenen Eheleuten grundsätzlich erwartet, dass diese das gemeinsame Sorgerecht ausüben und dazu auch größere Anstrengungen unternehmen als bisher. Nur in Ausnahmefällen soll im Hinblick auf das Wohl der Kinder das alleinige Sorgerecht auf einen Elternteil ganz oder teilweise übertragen werden.

2. Bestrebungen zum gemeinsamen Sorgerecht für nicht miteinander verheiratete Eltern

Auch das Sorgerecht für nicht miteinander verheiratete Eltern soll reformiert werden. Derzeitig sind nicht miteinander verheiratete Eltern nur dann gemeinsam sorgeberechtigt, wenn die Eltern beim Jugendamt übereinstimmend eine so genannte Sorgeerklärung abgeben. Tun sie dies nicht, bleibt die Kindesmutter allein sorgeberechtigt.

Mit der derzeitig bestehenden Möglichkeit der so genannten **gemeinsamen Sorgeerklärung** besteht zwar die Möglichkeit einer gemeinsamen Sorge. Gegen den Willen der Mutter allerdings kann der Vater nicht sorgeberechtigt werden.

In Anbetracht der Tatsache, dass sich auch nicht verheiratete **Väter** immer mehr um ihre Kinder kümmern, gibt es gesetzliche Bestrebungen, dieses wachsende Engagement auch **rechtlich absichern**. Nach geltendem Recht ist es unerheblich, aus welchen Gründen die Mutter eine Sorgeerklärung ablehnt. Die Mutter kann daher derzeit eine Alleinsorge auch dann durchsetzen, wenn im konkreten Einzelfall die gemeinsame Sorge die für das Kind bessere Lösung wäre. Die gesetzlichen Bestrebungen stellen das Kindeswohl zum primären Abwägungskriterium. Es soll nicht mehr auf den Willen der Mutter ankommen. D. h., wenn eine gemeinsame Sorge für das Kind die beste Lösung wäre, dann muss der Vater auch gegen den Willen der Mutter daran beteiligt werden.

II. Umgangsrecht

1. Allgemeines

Nach dem geänderten Recht ist § 1626 BGB um einen Absatz 3 erweitert worden. Gegenüber der bisherigen Regelung wird erweiternd ausdrücklich klargestellt, dass zum Kindeswohl der Umgang mit beiden Elternteilen und anderen Personen, zu denen das Kind Bindungen besitzt, gehört. Wie schon bei der Regelung der elterlichen Sorge wird nicht mehr danach unterschieden, ob die Eltern miteinander verheiratet sind oder nicht. Es ist nunmehr in § 1684 BGB geregelt, dass das Kind ein Recht hat auf Umgang mit jedem Elternteil. Es besteht aber auch eine **Verpflichtung** jedes Elternteils, den **Umgang** mit dem Kind **wahrzunehmen.** Nach wie vor kann der Umfang des Umgangsrechtes durch das Familiengericht entschieden werden, § 1684 Abs. 3 BGB. Das Gericht kann auch Anordnungen aussprechen, dass die Eltern alles zu unterlassen haben, was das Verhältnis des Kindes zum jeweils anderen Elternteil beeinträchtigt oder die Erziehung erschwert, so genannte Wohlverhaltensklausel. Das Gericht kann jedoch auch zukünftig nicht Anordnungen treffen, die einen Elternteil verpflichten, von seinem Umgangsrecht Gebrauch zu machen.

Die **Häufigkeit** der **Besuchstage** ist nach wie vor gesetzlich nicht geregelt. Insoweit bleibt es bei der Abwägung, inwieweit ein Umgangsrecht zu bewilligen ist, bei den bisherigen Kriterien. Grundsätzlich steht jedem Elternteil ein unverzichtbares Besuchs- bzw. Umgangsrecht mit den Kindern zu. Sinn und Zweck dieser Vorschrift ist, dass der Elternteil, bei dem das Kind nicht lebt, den Kontakt zu den Kindern nicht verliert und die Möglichkeit hat, regelmäßig über das Befinden der Kinder informiert zu sein. Bei der Ausübung des Umgangsrechts wird allerdings nicht vorrangig das Elternrecht berücksichtigt, sondern vielmehr das Wohl der Kinder. Wie lange und wie häufig das Umgangsrecht zugestanden wird, hängt vorwiegend von dem Alter des Kindes und den Umständen des Einzelfalles ab. Allgemein wird davon ausgegangen, dass es dem Wohl des Kindes entspricht, einen engen Kontakt zu beiden Elternteilen zu haben. Es ist daher wünschenswert, wenn sich die **Eltern** ohne Einschaltung der Anwälte und Gerichte über das Umgangsrecht **einigen** können. Bei einem schulpflichtigen Kind befürwortet das Familiengericht üblicherweise den Umgang mit dem anderen Elternteil an jedem zweiten Wochenende in der Zeit von Freitagabend bis Sonntagnachmittag. Zusätzlich steht diesem jeweils der zweite der gesetzlichen Doppelfeiertage (Ostern, Pfingsten, Weihnachten), sowie ein Teil der Schulferien zu. Meistens wird vereinbart, dass der Elternteil, bei dem die Kinder nicht ihren gewöhnlichen Aufenthalt haben, die Kinder von der Wohnung des anderen Elternteils abholt und zwei Tage später wieder zurückbringt. Selbstverständlich kann dies auch anders gehandhabt werden, wobei die Umstände des Einzelfalles berücksichtigt werden sollten. Häufig kommt es zwischen den Elternteilen zu Überreaktionen, wenn sie sich in der vormals gemeinsamen Wohnung treffen. Es empfiehlt sich daher, die für alle Beteiligten am wenigsten belastende Möglichkeit auszuprobieren. Bei Kindern im Säuglingsalter wird üblicherweise nur ein stundenweises Umgangsrecht zugestanden, da es bei der Übernachtung in fremder Umgebung Probleme geben kann. Möglicherweise ist der Elternteil, bei dem das Kind nicht ständig lebt, auch mit der Pflege des Kindes wie z. B. Wickeln und Füttern überfordert.

Beispiel: Jutta M. aus Essen ist zusammen mit ihrem 14-jährigen Sohn Nicklas und der einjährigen Tochter Sarah aus der ehelichen Wohnung ausgezogen. Die Eheleute sind sich darüber einig, dass für den Fall der Scheidung Jutta M. das alleinige Sorgerecht erhalten soll. Der Kindesvater besteht jedoch auf ein geregeltes Umgangsrecht. Er möchte, dass beide Kinder jedes Wochenende in der Zeit von Freitagmittag bis Sonntagabend bei ihm verbringen. Der 14-jährige Sohn interessiert sich zunehmend für Mädchen seines Alters und hat keine Lust, jedes Wochenende seinen Vater zu besuchen. Die Tochter Sarah ist gesundheitlich sehr angegriffen, da sie unter Neurodermitis leidet. Jutta M. fragt, in welchem Umfang das Umgangsrecht zu gewähren ist.

Der Wille des Vaters, seine Kinder jedes Wochenende zu sehen, ist nur teilweise gerechtfertigt. Wie oben bereits dargelegt, kommt nur ein 14-tägiges Besuchsrecht in der Zeit von Freitag bis Sonntag in Betracht, es sei denn, es ergeben sich Umstände, die häufigeres Besuchsrecht angemessen erscheinen lassen. Da Nicklas bereits 14 Jahre alt ist, kommt es ganz entscheidend auf den Willen des Kindes an. Wünscht der Sohn häufigeren Kontakt zu seinem Vater, wird das Gericht diesen Wunsch bei seiner Entscheidung mit berücksichtigen. Das gilt auch, wenn Nicklas aus nachvollziehbaren Gründen den Kontakt eher einschränken möchte. Schwieriger zu entscheiden ist die Frage des Umgangsrechts in Bezug auf die kleine Sarah. Da sie erst ein Jahr alt ist, wird ein stundenweises Besuchsrecht an einem Wochenendtag entweder wöchentlich oder 14-tägig bewilligt werden. Bei Sarah sind jedoch besondere Umstände zu berücksichtigen, da sie an Neurodermitis erkrankt ist, was einen besonderen Pflegeaufwand erfordert. Zunächst ist zu prüfen, ob der Vater diesen leisten kann. Ist dies der Fall, kommt es weiter darauf an, ob sich die Ausübung des Umgangsrechts möglicherweise nachteilig auf den Krankheitsverlauf auswirkt. Im Zweifelsfall kann dies nur durch ein Sachverständigengutachten geklärt werden. Kommt der Sachverständige zu dem Ergebnis, dass sich die Ausübung des Besuchsrechts zumindest nicht nachteilig auswirkt, wird das Gericht das Umgangsrecht im oben beschriebenen Umfange bewilligen. Im anderen Fall wird das Gericht dagegen das Umgangsrecht ausschließen bzw. kürzen.

2. Beschützter Umgang

§ 1684 Abs. 4 Satz 3 und 4 BGB regelt nunmehr den beschützten Umgang. Das Gericht kann anordnen, dass der Umgang nur in Gegenwart eines Mitarbeiters des Jugendamtes oder eines mitwirkungsbereiten Dritten stattfindet. Dies gilt insbesondere in den Fällen, in denen mit **Kindesentführung** gerechnet werden muss. Der so genannte beschützte Umgang ist jetzt ausdrücklich geregelt worden. Damit wird deutlich, dass ein völliger Ausschluss des Umgangs nur in Betracht kommt, wenn auch ein beschützter Umgang nicht geeignet ist, dem Wohl des Kindes zu dienen. Es wird daher fortan sehr schwierig sein, den völligen Ausschluss des Umgangsrechtes zu erreichen. Diese Regelung kann sich sehr nachteilig für die Kindesmutter, bei der die Kinder leben, auswirken. Es kann auch nicht dem Wohl des Kindes entsprechen, in einer angespannten Situation dem Kindesvater zu begegnen. Nach bisherigem Recht war ein solch beschützter Umgang nach Absprache mit den Eltern bereits möglich. Die Erfahrung hat jedoch gezeigt, dass schon in der Vergangenheit die Jugendämter überlastet waren. Da nach dem geänderten Recht mit einer Flut von weiteren Anträgen zu rechnen ist, ist nicht davon auszugehen, dass die Jugendämter zukünftig in der Lage sein werden, ordnungsgemäß den Umgang zu begleiten, insbesondere an den Wochenenden.

Beispiel: Ilona B. aus Duisburg ist mit einem ausländischen Staatsbürger verheiratet. Aus der Ehe sind die beiden dreijährigen Zwillinge Sophie und Isabelle hervorgegangen. Der Ehemann ist äußerst brutal und gewalttätig. Er hat die Ehefrau bereits mehrfach körperlich misshandelt. Die Ehefrau hat bei der Trennung beide Kinder mitgenommen und lebt jetzt in einem Frauenhaus. Der Ehemann hat massiv gedroht, die Kinder bei nächster Gelegenheit zu entführen und in sein Heimatland zu verbringen. Er selber hat auch keine Bindung mehr an Deutschland. Der Ehemann hat einen Antrag an das zuständige Familiengericht gestellt, seine Kinder regelmäßig jeden Samstag zwischen 10:00 und 15:00 Uhr zu sehen.

Nach bisherigem Recht gab es die Möglichkeit, bei einem solchen Fall das Umgangsrecht des Vaters völlig zu unterbinden. Nach dem geänderten Recht gibt es die Möglichkeit des beschützten Umgangs, wonach angeordnet werden kann, dass der Kindesvater seine beiden Kinder wöchentlich oder 14-tägig unter Aufsicht des Jugendamtes besuchen kann. Leider ist hier die Frage nicht geregelt worden, wie die Kindesmutter und die Kinder auf dem Weg zum Jugendamt und auf dem Rückweg geschützt werden können. Auch insoweit bleibt eine Umgangsregelung sehr problematisch.

Nach der Kindschaftsrechtsreform kann das Umgangsrecht auch für **Großeltern, Geschwister, Stiefelternteile** und **Pflegepersonen** bewilligt werden (§ 1685 BGB). Das Umgangsrecht wurde allerdings begrenzt auf solche Personen, die dem Kind besonders nahe stehen. Auch hier ist Voraussetzung, dass der Umgang mit diesen dritten Personen dem Kindeswohl dient.

> **Beispiel:** Die Ehe von Heike und Peter D. aus Mülheim ist geschieden worden. Nach übereinstimmendem Willen der Elternteile ist das Sorgerecht für den 10-jährigen Sohn Dennis und für die 6-jährige Tochter Jessika der Kindesmutter übertragen worden. Der Vater kann seine Kinder regelmäßig besuchen. Die Kindesmutter ist jedoch nicht damit einverstanden, dass ihre Schwiegereltern die Kinder regelmäßig sehen, da es persönliche Auseinandersetzungen zwischen der Kindesmutter und den Großeltern gegeben hat.
>
> Die Großeltern Herbert und Uschi G. aus Essen-Dellwig beantragen nunmehr ein 14-tägiges Umgangsrecht mit ihren beiden Enkelkindern bei dem zuständigen Familiengericht.

Im Zuge der Kindschaftsrechtsreform steht jetzt den Großeltern ein Umgangsrecht zu. Inwieweit ein solches zu bewilligen sein wird, hängt auch wieder mit dem Wohl der Kinder zusammen. Möglicherweise entspricht es dem **Kindeswohl** einen engen Kontakt zu den Großeltern aufrecht zu erhalten. Auch hier kommt es wieder auf den Einzelfall an. Persönliche Querelen zwischen der Kindesmutter und ihren Schwiegereltern sind nicht von Belang. Haben die Kinder bis zur Trennung bzw. Scheidung der Eltern einen engen Kontakt zu den Großeltern gehabt, wird das Familiengericht den Antrag der Großeltern Herbert und Uschi G. auf Umgangsrecht bewilligen.

Eine weitere Änderung ist, dass zum persönlichen Umgang auch **Briefkontakte** und **Telefongespräche** gehören. Auch insoweit können durch das Familiengericht Anordnungen getroffen werden.

3. Vermittlungsverfahren

Ist bereits eine gerichtliche Entscheidung über das Umgangsrecht mit den minderjährigen Kindern getroffen worden, so hat sich in der Praxis gezeigt, dass diese Vereinbarungen häufig sehr schwer durchzusetzen sind. Insoweit soll das neue gerichtliche Vermittlungsverfahren hilfreich sein. Ein Elternteil kann gem. § 52 a Gesetz über die Angelegenheit der freiwilligen Gerichtsbarkeit (FGG) den **Antrag** auf Durchführung des Vermittlungsverfahrens stellen. Das Gericht klärt die Eltern darüber auf, welche Folgen es für das Wohl der Kinder haben kann, wenn ein Umgangsrecht nicht praktiziert wird. Es kann hier auch auf die Möglichkeit von Zwangsmitteln hinweisen. Kommt es in diesem Verfahren zu einer Einigung, kann diese als Vergleich protokolliert werden. Ist eine Einigung nicht zu erzielen, kann das Gericht entscheiden, ob nunmehr Zwangsmittel eingesetzt werden oder Änderungen der Umgangsregelungen angeordnet werden müssen.

4. Gesetzesänderung zu Gunsten des biologischen Vaters

Hinsichtlich des Abstammungs-, Sorge- und Umgangsrechtes hat es eine Gesetzesänderung bzgl. des biologischen Vaters gegeben. Der biologische Vater ist derjenige, von dem ein Kind biologisch abstammt. Im Rechtssinne ist er aber nicht der Vater des Kindes. Nach dem Gesetz gilt der Ehemann der Mutter oder der Mann, der die Vaterschaft anerkennt, als Vater des Kindes. Der biologische Vater war nach bisherigem Recht praktisch außen vor.

Aufgrund eines vor dem Bundesverfassungsgericht verhandelten Falles musste das Gesetz geändert werden. In diesem Fall hatte eine verheiratete Mutter während der Ehe ein Kind bekommen, dass nicht vom Ehemann, sondern von einem anderen Mann abstammte. Der biologische Vater hatte etwa drei Jahre Kontakt zu dem Kind und übernahm auch teilweise dessen Betreuung. Die Mutter und ihr Ehemann lebten zu diesem Zeitpunkt getrennt. Dann aber versöhnten sich die Ehegatten und verwehrtem dem biologischen Vater jeden weiteren Kontakt mit dem Kind. Der biologische Vater ließ die Angelegenheit vom Bundesverfassungsgericht überprüfen, weil ihm nach damaligem Recht weder ein Recht zur Anfechtung der Vaterschaft noch ein Umgangsrecht mit dem Kind zustand. Das Bundesverfassungsgericht gab ihm recht.

Daraufhin wurde das Gesetz wie folgt geändert:

Der biologische Vater kann nun unter bestimmten Voraussetzungen die **Vaterschaft anfechten.** Und zwar dann, wenn zwischen dem Kind und dem rechtlichen Vater keine familiäre Beziehung besteht. Die Rechte des biologischen Vaters sind daher nach wie vor eingeschränkt, allerdings steht hier das Kindeswohl im Vordergrund, so dass auch die neue Gesetzeslage nicht eine funktionierende Vater-Kind-Beziehung durch eine Anfechtung des biologischen Vaters zerstören will.

Allerdings ist mit der Gesetzesänderung, das Recht auf Umgang mit dem biologischen Vater erheblich ausgeweitet worden. Dies bedeutet, dass selbst wenn eine Anfechtung der Vaterschaft nicht möglich ist, dem biologischen Vater ein **Recht** auf **Umgang** mit dem Kind zusteht. Dies ist z. B. möglich, wenn der biologische Vater und das Kind längere Zeit zusammengelebt haben.

Aber nicht nur der biologische Vater hat nunmehr ein Recht auf Umgang, auch **andere Bezugspersonen** des Kindes, zum Beispiel Stiefeltern, ehemalige Lebensgefährten der Mutter, Tanten und Onkel des Kindes, können mit der neuen Gesetzesregelung ein Umgangsrecht begründen. D. h. Umgangsrechte sind nicht mehr auf bestimmte Personengruppen wie z. B. Eltern, Großeltern oder Geschwister des Kindes beschränkt. Das Kind soll den Kontakt zu solchen Personen aufrechterhalten können, zu denen es gewachsene Bindungen besitzt, die für seine weitere Entwicklung bedeutsam sind. Ausschlaggebend ist daher nicht mehr die formale Rechtsstellung der Personengruppe zum Kind, sondern immer das Kindeswohl.

III. Unterhalt

Im Rahmen des Scheidungsverfahrens können auch der nacheheliche Ehegatten- und der Kindesunterhalt geregelt werden. Das ist häufig deshalb erforderlich, weil derjenige, der Unterhalt zahlen muss, der so genannte Unterhaltsschuldner seinen Zahlungsverpflichtungen nicht, nicht in ausreichendem Maße oder nicht pünktlich nachkommt. Selbstverständlich können sich die Parteien – wesentlich kostengünstiger – auch außergerichtlich einigen.

Kindes- und Ehegattenunterhalt sind nicht erst nach rechtskräftiger Scheidung, sondern auch schon während der gesamten **Trennungszeit** zu zahlen. Um eine Inverzugsetzung zu erreichen, sollte der Ehemann schnellstmöglich ab der Trennung aufgefordert werden, Auskunft über sein Nettoeinkommen zu erteilen und Kindes- bzw. Trennungsunterhalt zu zahlen. Wird der Ehemann nicht schriftlich aufgefordert, seinen Unterhaltsverpflichtungen nachzukommen, riskiert die Ehefrau, dass für die zurückliegende Zeit Unterhaltsansprüche mangels Inverzugsetzung nicht durchgesetzt werden können.

1. Kindesunterhalt für minderjährige Kinder

Grundsätzlich hat derjenige Elternteil den Kindesunterhalt zu zahlen, bei dem die Kinder nicht leben. Der andere Elternteil kommt seiner Unterhaltsverpflichtung durch **Naturalleistungen** in Form von Verpflegung und persönlicher Betreuung nach. Auch heute noch sind es in der Regel die Frauen, welche die Betreuung der Kinder übernehmen, wovon auch im Folgenden ausgegangen wird. Selbstverständlich gibt es auch den umgekehrten Fall.

a) Ermittlung des Nettoeinkommens. Die Höhe des Kindesunterhalts richtet sich zum einen nach dem unterhaltsrelevanten Nettoeinkommen des Unterhaltpflichtigen sowie nach dem Alter des Kindes, da sich mit höherem Alter auch der Unterhaltsbedarf erhöht. Die Oberlandesgerichte in Deutschland berechnen mit Hilfe der sogenannten Düsseldorfer Tabelle den Kindesunterhalt.

In den vergangenen Jahren war die Düsseldorfer Tabelle Ergebnis von Koordinierungsgesprächen, die zwischen Richtern der Familiensenate der Oberlandesgerichte Düsseldorf, Köln und Hamm und der Unterhaltskommision des Deutschen Familiengerichtstages e. V. unter Berücksichtigung des Ergebnisses einer Umfrage bei allen Oberlandesgerichten stattgefunden haben.

Mit der Unterhaltsreform zum 1. 1. 2008 hat der Gesetzgeber durch die Neufassung des § 1612 a Abs. 1 Satz 2 BGB den Mindestunterhalt wieder gesetzlich eingeführt.

§ 1612 a Abs. 1 Satz 2 BGB lautet:

Der Mindestunterhalt richtet sich nach dem doppelten Freibetrag für das sächliche Existenzminimum eines Kindes (Kinderfreibetrag) nach § 32 Abs. 6 Satz 1 des EStG. Er beträgt monatlich entsprechend dem Alter des Kindes

1. für die Zeit bis zur Vollendung des 6. Lebensjahres (1. Altersstufe) 87%
2. für die Zeit vom 7. bis zur Vollendung des 12. Lebensjahres (2. Altersstufe) 100%
3. für die Zeit vom 13. Lebensjahr an (3. Altersstufe) 117% eines 1/12 des doppelten Kinderfreibetrags.

Durch die gesetzliche Definition des Mindestunterhaltes unter Bezugnahme auf den steuerlichen Kinderfreibetrag wird die seit langem geforderte Harmonisierung des Unterhaltsrechts mit dem Steuer- und Sozialrecht erreicht.

Das steuerliche sächliche Existenzminimum richtet sich wiederum nach dem Existenzminimumsbericht der Bundesregierung, der alle 2 Jahre neu erstellt werden muss. Er bestimmt sich nach den durchschnittlichen sozialhilferechtlichen Regelsätzen und pauschalierten Wohn- und Heizkosten.

Die Düsseldorfer Tabelle mit Stand vom 1.1.2009 hat nunmehr 10 Einkommensgruppen und 4 Altersstufen.

Der gesetzliche Mindestunterhalt entspricht der 1. Einkommensgruppe.

• **Einkünfte aus nichtselbständiger Tätigkeit:** Zum anrechenbaren Nettoeinkommen des Unterhaltpflichtigen gehören grundsätzlich alle Einkünfte z. B. aus nichtselbständiger Arbeit wie Gehalt und Lohn von Angestellten und Arbeitern, aus gewerblicher Tätigkeit, z. B. Einkünfte eines selbständigen Handwerkers oder Unternehmers, oder aus freiberuflicher Tätigkeit, z. B. Einkünfte der Tätigkeit eines Anwalts, Arztes oder Steuerberaters. Zum Einkommen zählen auch Einkünfte aus Vermietung und Verpachtung und Kapitalvermögen sowie Renten- und Arbeitslosengeld. Erzielt der Unterhaltspflichtige Einkünfte aus nichtselbständiger Arbeit, so hat er grundsätzlich die letzten 12 Gehaltsabrechnungen vorzulegen. Den Gehaltsabrechnungen können das Urlaubs-, Weihnachtsgeld und die Arbeitgeberanteile für die vermögenswirksamen Leistungen sowie die Überstunden entnommen werden. Diese werden mit den Nettobeträgen auf das Jahr umgelegt, so dass das durchschnittliche monatliche Nettoeinkommen errechnet werden kann.

Jubiläumszahlungen, Tantiemen und Abfindungen werden ebenfalls berücksichtigt.

• **Spesen:** Zum unterhaltsrelevanten Einkommen gehören auch Spesen und Reisekosten, die durch Geschäfts- und Dienstreisen veranlasst werden. Dabei ist zwischen steuerpflichtigen und steuerfreien Spesen zu unterscheiden.

Steuerpflichtige Spesen sind grundsätzlich unterhaltsrelevantes Einkommen. Sie sind deswegen steuerpflichtig, da zu vermuten ist, dass ein finanzieller Aufwand des Arbeitnehmers dem nicht gegenübersteht. Werden allerdings tatsächliche Aufwendungen vorgenommen, können diese dann in Abzug gebracht werden. Allerdings müssen diese bewiesen werden.

Bei steuerfreien Spesen wird vermutet, dass dem Arbeitnehmer entsprechende Aufwendungen gegenüberstehen. Es bleibt zu berücksichtigen, dass die Spesen auslösende Arbeitstätigkeit im Regelfall zu einer Ersparnis bei den privaten Lebenshaltungskosten führt. Diese Ersparnis wiederum ist geeignet, als unterhaltsrechtlich relevantes Einkommen bewertet zu werden. Nach den meisten Leitlinien der Oberlandesgerichte wird diese Ersparnis mit einem Drittel der steuerfreien Spesen in Ansatz gebracht.

• **Trinkgelder:** Auch Trinkgelder sind grundsätzlich unterhaltsrelevantes Einkommen und unterliegen der gerichtlichen Schätzung gem. § 287 ZPO. Üblicherweise wird von einem Betrag zwischen 100,00 € und 250,00 € ausgegangen.

• **Sachbezüge:** Auch Sachbezüge sind als Einkommen anzusehen. Sie sind mit dem Betrag zu bewerten, der für eine vergleichbare Ware oder Leistung üblicherweise zu zahlen ist. Der häufigste Fall eines Sachbezugs ist die kostenlose Überlassung eines Firmenfahrzeuges für private Zwecke durch den Arbeitgeber. Dieser Sachbezug ist einkommenserhöhend zu berücksichtigen.

Allerdings ist der Sachbezug dahingehend zu mindern, dass die Überlassung eines Kraftfahrzeugs in den Verdienstbescheinigungen mit dem steuerrechtlich maßgebenden Nutzungswert als Einkommen ausgewiesen ist. Dies bedeutet, dass dieser Sachwertvorteil in den meisten Fälen mit 1 % des Anschaffungswertes versteuert wird. Nichtsdestotrotz wird mit der Nutzung des PKWs für private Zwecke ein tatsächlicher Einkommenszuwachs angenommen, der es rechtfertigt, einen zu schätzenden Nutzungswert dem Einkommen hinzuzurechnen, da entsprechende Aufwendungen wie beispielsweise Werkstattkosten, Benzin sowie Versicherungsbeiträge eingespart werden.

• **Abfindungen:** Abfindungen, die als Übergangsgeld oder als Übergangsbeihilfe bei der Entlassung aus einem Dienst- oder Arbeitsverhältnis gezahlt werden, haben Lohnersatzfunktionen und sind ebenfalls Einkünfte. Sie sind zeitlich so zu verteilen, dass der angemessene Bedarf des Berechtigten und des Verpflichteten in bisheriger Höhe sichergestellt wird. Allerdings braucht die Abfindung nicht dafür eingesetzt zu werden, um den nach den ehelichen Lebensverhältnissen bemessenen Unterhaltsbedarf zu erhöhen. Dies bedeutet auch, dass bei einer früheren Beendigung der Arbeitslosigkeit als vermutet, der verbliebene Teil der Abfindung nicht dem neuen Arbeitseinkommen hinzugerechnet wird, sondern dem Unterhaltspflichtigen als gewöhnliches Vermögen verbleibt.

Zusammenfassend bleibt zu erwähnen, dass die Beurteilung der Angemessenheit des Umlegungszeitraumes sich
— auf die Höhe der Abfndung,
— der Prognose der Beschäftigungschance des Unterhaltsverpflichteten und
— den Interessen des Unterhaltsberechtigten richtet. Gilt es als sicher, dass der Unterhaltsverpflichtete in absehbarer Zeit eine neue Beschäftigung finden wird, wird es angebracht sein, die Abfindung auf einen kürzeren Zeitraum zu verteilen, um den Unterhalt in bisheriger Höhe sicherzustellen. Sind die Beschäftigungschancen des Unterhaltsverpflichteten demgegenüber eher kritisch einzuschätzen, beispielsweise aufgrund des Alters

bzw. Qualifikationen, ist es gerechtfertigt, die Abfindung über einen längeren Zeitraum von etwa 3–4 Jahren umzurechnen.

Von dem ermittelten durchschnittlichen Nettoeinkommen kann der Unterhaltspflichtige so genannte **berufsbedingte Aufwendungen** abziehen. Im Geltungsbereich des jeweiligen Oberlandesgerichtes darf eine Pauschale in Höhe von 5 % des Nettoeinkommens, mindestens 50,00 €, bei geringfügiger Teilzeitarbeit auch weniger und höchstens 150,00 € monatlich veranschlagt werden. Will der Unterhaltsschuldner höhere berufsbedingte Aufwendungen geltend machen, so muss er diese im Einzelnen anhand von Belegen nachweisen.

Andere Oberlandesgerichte (z. B. OLG Hamm) berücksichtigen lediglich konkrete berufsbedingte Aufwendungen, wenn diese belegt werden können.

- **Einkünfte aus selbständiger Tätigkeit:** Erzielt der Unterhaltspflichtige Einkünfte aus selbständiger, wie gewerblicher oder freiberuflicher Tätigkeit, so hat er die **Bilanzen** bzw. **Einnahme-Überschussrechnungen** der letzten drei Jahre vorzulegen. Anhand der ausgewiesenen Gewinne ermittelt man hier das durchschnittliche monatliche Nettoeinkommen; zuvor müssen selbstverständlich die anfallenden Steuerbeträge sowie die Beträge für die Krankenversicherung und die Altersvorsorge abgezogen werden. Allerdings kann sich der selbständige Unterhaltspflichtige nicht noch einmal berufsbedingte Aufwendungen anrechnen lassen, da diese bereits in den Bilanzen bzw. Überschussrechnungen berücksichtigt worden sind. Will der Unternehmer z. B. KFZ-Kosten unterhaltsmindernd in Abzug bringen, so wird man ihn darauf aufmerksam machen müssen, dass diese bereits als Kostenposition in die Bilanz bzw. Überschussrechnung eingegangen sind und den Gewinn entsprechend gemindert haben.

Wichtig: Es ist durchaus möglich, dass Bilanzen aus steuerrechtlicher Sicht keinen oder nur einen geringen Gewinn ausweisen. Dies sagt noch nichts über die Höhe des Einkommens aus, denn bestimmte Positionen in der Bilanz wie z. B. Rückstellungen oder Abschreibungen, wirken sich nicht in jedem Fall unterhaltsmindernd aus.

In manchen Fällen müssen **gewinnmindernde Positionen,** die steuerrechtlich zulässig sind, dem Nettoeinkommen wieder hinzu gerechnet werden, weil sie unterhaltsrechtlich anders zu beurteilen sind. So ist es zum Beispiel steuerrechtlich durchaus erlaubt, Rückstellungen für Renovierungskosten zu bilden und auf diese Art und Weise den Gewinn zu mindern. Dies darf jedoch nicht zu einer Kürzung des Unterhalts führen. Auch **Abschreibungen** für **Anlagegüter** sind nicht in jedem Fall unterhaltsmindernd.

Dies gilt insbesondere dann, wenn für einen Betrieb luxuriöse Ausstattungen, Kunstgegenstände oder Ähnliches angeschafft werden. Solche Positionen müssen daher dem in der Bilanz ausgewiesenen Gewinn hinzugerechnet werden. Aus diesem Grunde hat der oder die Unterhaltseinkommenberechtigte Anspruch darauf, dass ihr die Bilanzen bzw. Einnahme- Überschussrechnungen vorgelegt werden. Das Vorlegen der Steuerbescheide ist nicht ausreichend.

- **Sonstige Einkünfte:** Andere Einkommensarten, z. B. Einkünfte aus Vermietung und Verpachtung, aus Kapitalvermögen sowie Renten- und Arbeitslosengeld, müssen ebenfalls sorgfältig ermittelt werden. Der Unterhaltspflichtige muss geeignete Unterlagen, aus denen die Einkünfte hervorgehen, vorlegen. Bei Kapitalvermögen sowie Einkünften aus Vermietung und Verpachtung sind dies in der Regel die Einkommensteuererklärung nebst den speziellen Anlagen (Anlage K und Anlage V). In den übrigen Fällen sind die entsprechenden Bewilligungs- bzw. Leistungsbescheide ausschlaggebend.

- **Wohnwertvorteil:** Einkommenserhöhend ist auch der so genannte Wohnwertvorteil. Die Nutzung einer Immobilie als Ehewohnung ist bei der Unterhaltsberechnung zu berücksichtigen, da die Vorteile des Bewohnens eines eigenen Hauses oder einer Eigentumswohnung sich in einer Ersparnis von Kosten, nämlich Miete, auswirkt. Voraussetzung dafür ist, dass die Immobilie den Eheleuten gemeinsam oder aber nur einem Ehepartner gehört, da erst durch das Eigentum der Wohnwertvorteil zur Vermögensnutzung wird. Lebt der Unterhaltspflichtige in der Immobilie ist der Wohnwertvorteil bei der Bedarfsermittlung insofern in Ansatz zu bringen, als dieser das Nettoeinkommen des Unterhaltsverpflichteten fiktiv erhöht.

Bei der Berechnung des Wohnwertvorteils gibt es unterschiedliche Betrachtungen, je nachdem, ob es sich um einen Wohnwertvorteil in der Trennungssituation oder im laufenden Scheidungsverfahren handelt.

Während in der Trennungssituation ein Wohnwertvorteil mit der angemessenen Marktmiete für eine alleinstehende Person in Ansatz gebracht wird, wird ab Rechtshängigkeit des Scheidungsantrags die ortsübliche Marktmiete für das Objekt angesetzt.

Bleibt der Unterhaltsverpflichtete in der vormaligen Ehewohnung oder in dem gemeinsamen Haus der Eheleute wohnen, wird dieser Wohnwertvorteil die Leistungsfähigkeit erhöhen mit der Folge, dass der Unterhaltsschuldner nicht damit gehört werden kann, sein Selbstbehalt bzw. der Bedarfskontrollbetrag sei nicht gewahrt, weil er tatsächlich weniger Geld zur Verfügung hat als der Betrag, nach dem der Unterhalt berechnet wird. Der Wohnwertvorteil ist fiktives Einkommen.

Bleibt der Unterhaltsberechtigte in der Ehewohnung wohnen, vermindert der Wohnwertvorteil den Unterhaltsanspruch, da dieser Wohnwertvorteil als fiktives Einkommen beim Unterhaltsberechtigten in Ansatz gebracht wird.

Selbstverständlich ist der Wohnwertvorteil um die tatsächlich anfallenden monatlichen Belastungen wie Zins- und Tilgungsleistungen bzw. Wohngeld bei Eigentumswohnungen zu kürzen.

Von dem gesamten durchschnittlichen monatlichen Nettoeinkommen kann der Unterhaltspflichtige **Aufwendungen** für **gemeinsame Schulden** abziehen. Dazu zählen insbesondere die monatlichen Raten zur Rückführung eines gemeinsamen Darlehens, z.B. für die Anschaffung von Möbeln für die eheliche Wohnung.

Nach Abzug dieser Kosten spricht man von dem so genannten **anrechenbaren Einkommen** des Unterhaltsverpflichteten.

b) Berechnung des Kindesunterhalts

Beispiel: Hedda E. aus Münster lebt mit ihrer fünfjährigen Tochter Michelle und dem achtjährigen Sohn Markus seit 11 Monaten von ihrem Mann getrennt in einer eigenen Wohnung. Das Scheidungsverfahren soll demnächst eingeleitet werden. Der Ehemann erzielt als kaufmännischer Angestellter ein durchschnittliches monatliches Nettoeinkommen in Höhe von 2400,00 €. Hedda E. fragt nach der Höhe des Kindesunterhalts.

Zunächst einmal muss das so genannte anrechenbare Nettoeinkommen des Unterhaltspflichtigen, wie in den vorangegangenen Abschnitten beschrieben, festgestellt werden, um dann anhand der in Frage kommenden Unterhaltabelle die entsprechende **Einkommenstufe** zu ermitteln. Im vorliegenden Beispiel ist Herr E. nach der Düsseldorfer Tabelle der Einkommensgruppe 4 zuzurechnen. Anschließend werden die Kinder je nach Alter einer der 4 **Altersstufen** zugeordnet. Es gibt folgende Altersstufen:

- 0 bis fünf Jahre,
- 6 bis 11 Jahre,
- 12 bis 17 Jahre und
- ab 18 Jahre.

Entsprechend ist die Tochter Michelle in die erste, der Sohn Markus in die zweite Altersstufe einzuordnen. Anhand der Einkommensgruppe und der Altersstufe kann jetzt der Kindesunterhalt errechnet werden. Dabei ist zu berücksichtigen, dass die Tabelle monatliche **Unterhaltsrichtsätze** aufweist, die von dem Fall ausgehen, dass der Unterhaltspflichtige einem Ehepartner und zwei Kindern Unterhalt zu gewähren hat. Da dieser Fall bei Familie E. zutrifft, beträgt der Kindesunterhalt für die Tochter Michelle 324,00 €, für den 8-jährigen Sohn Markus 371,00 €. Je nach Anzahl der Personen, denen Unterhalt geleistet werden muss, kommt es zu einer Einstufung in eine niedrigere bzw. höhere Einkommensgruppe. Weiter ist zu berücksichtigen, wer vom Ehepaar E. das Kindergeld erhält.

c) Kindergeld. Der Staat unterstützt die Eltern finanziell durch Zahlungen von Kindergeld nach den Vorschriften des Bundeskindergeldgesetzes (BKGG). Die Dauer ist grundsätzlich bis zum 16. Geburtstag des Kindes beschränkt, es sei denn, das Kind befindet sich nach diesem Zeitpunkt in einer Schul- oder Berufsausbildung oder leistet ein freiwilliges soziales Jahr ab. Anspruch auf Kindergeld besteht auch dann, wenn das Kind an einer Behinderung leidet und durch diese für den eigenen Lebensunterhalt nicht sorgen kann.

Es gelten folgende Kindergeldbeträge:
1. Kind 164,00 €,
2. Kind 164,00 €,
3. Kind 170,00 €,
ab dem 4. Kind 195,00 €.

Zum überwiegenden Teil wird das Kindergeld monatlich von der Kindergeldkasse des Arbeitsamtes ausgezahlt. Teilweise läuft die **Abwicklung** auch über den Arbeitgeber.

§ 1612 b Abs. 1 BGB sieht vor, dass das entfallende Kindergeld zur Deckung des Barbedarfs verwendet werden muss. Wenn der andere Elternteil seine Unterhaltspflicht durch Betreuung und Versorgung des Kindes erfüllt, wird das entfallende Kindergeld zur Deckung des Barbedarfs zur Hälfte angerechnet.

Im vorliegenden Fall erhält

Tochter Michelle	324,00 €
abzüglich Kindergeld	82,00 €
	242,00 €

und

Sohn Markus	371,00 €
abzüglich Kindergeld	82,00 €
	289,00 €

d) Selbstbehalt. Dem Unterhaltsverpflichteten ist ein gewisser Betrag zu belassen, damit er seinen Lebensunterhalt bestreiten kann. Dabei handelt es sich um den so genannten Selbstbehalt. Dieser ändert sich ebenfalls mit Aktualisierung der Düsseldorfer Tabelle, da somit den veränderten Lebensverhältnissen Rechnung getragen wird.

Der Selbstbehalt ist nach der neuen Düsseldorfer Tabelle ab dem 1. 1. 2009 wie folgt festgesetzt worden:

• Bei **nichterwerbstätigen** Unterhaltspflichtigen:
  monatlich 770,00 €
• Bei **erwerbstätigen** Unterhaltspflichtigen: monatlich 900,00 €

In dem Selbstbehalt sind 360,00 € für **Unterkunft** einschließlich umlagefähiger Nebenkosten und Heizung enthalten.

Der Selbstbehalt kann angemessen **erhöht** werden, wenn dem Unterhaltspflichtigen Kosten entstehen, die nicht vermeidbar sind.

Eine Herabsetzung des Selbstbehalts kommt ebenso in Betracht, wenn der Unterhaltspflichtige Kosten erspart, beispielsweise durch das Zusammenleben mit einem Ehegatten oder Partner.

e) Berechnung des Kindesunterhalts in Mangelfällen. Reicht das Einkommen des Unterhaltspflichtigen unter Berücksichtigung des Eigenbedarfs bzw. dessen notwendigen Selbstbehalts nicht aus, alle gleichrangigen Unterhaltsansprüche zu erfüllen, liegt ein so genannter Mangelfall vor. Unter den Begriffen Eigenbedarf bzw. notwendiger Selbstbedarf versteht man den Bedarf, der sich aus den wirtschaftlichen ehelichen Lebensverhältnissen ergibt. Lediglich das über diesen Bedarf liegende Nettoeinkommen des Unterhaltspflichtigen wird dann auf die gleichrangigen Unterhaltsberechtigten im Verhältnis ihrer jeweiligen Bedarfssätze gleichmäßig verteilt.

Beispiel: Ernst K. aus Gelsenkirchen verdient als Baggerfahrer monatlich 1.500,00 € netto. Er schuldet Unterhalt für seine nicht berufstätige Frau Erna, den achtjährigen Sohn Dennis, den dreijährigen Sohn Björn und die zweijährige Tochter Nicola. Ernst K. möchte wissen, wie sich der Unterhalt berechnet.

Das Einkommen entspricht der 1. Einkommensgruppe der Düsseldorfer Tabelle. Danach beträgt der Tabellenunterhalt für Dennis 322,00 €, für Nicola und Björn jeweils 281,00 €. Unter Berücksichtigung des hälftigen Kindergeldes in Höhe von 82,00 € müsste Ernst K. für Dennis 240,00 €, für Björn und Nicola jeweils 199,00 € zahlen.

Allerdings liegt der notwendige Selbstbehalt des Unterhaltspflichtigen Ernst K. bei 900,00 €. Bei einer Gesamtzahlung in Höhe von 638,00 € verbliebe Ernst K. lediglich noch ein Einkommen in Höhe von 862,00 €.

Man spricht nunmehr von einem Mangelfall. Nach einem Rangsystem wird unter Berücksichtigung des notwendigen Selbstbehalts des Unterhaltspflichtigen die verteilungsfähige Unterhaltsmasse von 600,00 € gleichmäßig verteilt.

Nach § 1609 BGB ergibt sich folgende Rangfolge:

1. minderjährige unverheiratete Kinder und Kinder im Sinne des § 1603 Abs. 2 Satz 2 BGB (zum Beispiel volljährige Kinder, die sich noch in Schulausbildung befinden),

2. Elternteile, die wegen der Betreuung eines Kindes unterhaltsberechtigt sind oder im Falle einer Scheidung wären, sowie Ehegatten und geschiedene Ehegatten bei einer Ehe von langer Dauer,

3. Ehegatten und geschiedene Ehegatten, die nicht unter Nr. 2 fallen,

4. Kinder, die nicht unter Nr. 1 fallen,

5. Enkelkinder und weitere Abkömmlinge,

6. Eltern,

7. weitere Verwandte der aufsteigenden Linie.

Die Kinder Dennis, Björn und Nicola sind minderjährig und daher in der Rangfolge erstrangig. Auch die Ehefrau Erna ist unterhaltsberechtigt. Allerdings richtet sich ihr Unterhaltsanspruch in der Rangfolge an zweiter Stelle.

Dieser so genannte Nachrang führt dazu, dass für Erna von der Verteilungsmasse nichts übrig bleibt. Sie bekommt keinen Unterhalt.

Die verbleibende Verteilungsmasse wird auf die minderjährigen Unterhaltsberechtigten im Verhältnis ihrer jeweiligen Einsatzbeträge nunmehr gleichmäßig verteilt. Der Einsatzbetrag für den Kindesunterhalt entspricht dem gesetzlich vorgesehenen Mindestunterhalt nach § 1612 a BGB. Dieser gesetzlich vorgeschriebene Mindestunterhalt ist der 1. Einkommensgruppe der Düsseldorfer Tabelle zu entnehmen. Nach Abzug des hälftigen Kindergeldes ermittelt man somit den Einsatzbetrag.

Vorliegend ergibt sich ein Einsatzbetrag für Dennis in Höhe von 240,00 € für den dreijährigen Sohn Björn und für die zweijährige Tochter Nicola in Höhe von jeweils 199,00 €. Der Gesamtunterhalt beträgt demnach 638,00 €. Die Verteilungsmasse in Höhe von 600,00 € wird nunmehr im Verhältnis der jeweiligen Bedarfssätze gleichmäßig verteilt:

- Dennis 240,00 € x 600,00 €/638,00 € = 226,00 €

- Björn 199,00 € x 600,00 €/638,00 € = 187,00 €

- Nicola 199,00 € x 600,00 €/638,00 € = 187,00 €

Erna K. erhält daher für ihre Kinder lediglich einen Betrag in Höhe von 600,00 €. Eine weitere Berücksichtigung des Kindergeldes hat nicht zu erfolgen, da dieses bereits bei der Festsetzung des Einsatzbetrages Berücksichtigung gefunden hat. Erna K. kann daher auch das gesamte Kindergeld für sich beanspruchen. Sie kann darüber hinaus Arbeitslosengeld II beantragen.

In der Düsseldorfer Tabelle findet sich eine Rubrik, die den so genannten **Bedarfskontrollbetrag** des Unterhaltsverpflichteten ausweist. Dieser ist ab der 2. Einkommensgruppe nicht mit den oben beschriebenen Selbstbehalt identisch. Vielmehr stellt der Bedarfskontrollbetrag eine Art Korrektiv dar, der eine ausgewogene Verteilung des Einkommens zwischen Unterhaltsverpflichteten und Unterhaltsberechtigten ermöglichen soll. Wird der Bedarfskontrollbetrag auch unter Berücksichtigung des Ehegattenunterhalts unterschritten, wird eine Herabsetzung bei den Einkommensgruppen vorgenommen. Entsprechend sind die neuen Bedarfskontrollbeträge heranzuziehen.

Beispiel: Johann S. erzielt ein bereinigtes Nettoeinkommen in Höhe von 2454,00 €. Er schuldet seiner Ehefrau Christine sowie der 7-jährigen Tochter Charlotte und der 4-jährigen Tochter Sophie monatliche Unterhaltszahlungen. Christine S. fragt, mit welchen Unterhaltsbeträge sie jetzt rechnen kann.

Grundsätzlich wäre Johann S. in der Einkommensgruppe 4 der Düsseldorfer Tabelle einzustufen, wonach sich ein Kindesunterhalt für Charlotte in Höhe von 289,00 € (371,00 € abzüglich hälftigen Kindergeldes) und für Sophie in Höhe von 242,00 € (324,00 € abzüglich hälftigen Kindergeldes) ergibt. Der Getrenntlebensunterhalt ($^3/_7$ des verbleibenden Einkommens) beträgt 824,00 €. Folglich würden Johann S. lediglich 1.099,00 € verbleiben, während der Bedarfskontrollbetrag in der 4. Einkommensgruppe der Düsseldorfer Tabelle 1.200,00 € beträgt.

Da der Kontrollbetrag damit unterschritten wird, ist der Unterhalt grundsätzlich nach der nächst niedrigeren Einkommensgruppe, also Stufe 3, zu berechnen. Danach ergibt sich ein Kindesunterhalt für Charlotte in Höhe von 279,00 € (355,00 € abzüglich hälftigen Kindergeldes), für Sophie 228,00 € (310,00 € abzüglich hälftigen Kindergeldes) und ein $^3/_7$ Unterhalt für die Ehefrau in Höhe von 837,00 €, so dass der Bedarfskontrollbetrag für die Einkommensgruppe 3 von 1.100,00 € gewahrt ist.

f) Berücksichtigung eigener Einkünfte des Kindes. Grundsätzlich wird der Bedarf des Kindes durch eigene Einkünfte gemindert. Hierzu zählen Arbeitseinkommen, Ausbildungsvergütung, Zinsen oder Renten etc.

Eine Besonderheit gilt jedoch bei Einkünften aus **überobligatorischer Tätigkeit.** Dazu zählen beim Kindesunterhalt Tätigkeiten zur Aufbesserung des Taschengeldes oder aber Tätigkeiten zur Erfüllung eines Wunsches, z. B. Kauf eines Motorrades.

Handelt es sich bei den Eigeneinkünften des Kindes um eine Ausbildungsvergütung, so ist sein Einkommen vorab um einen ausbildungsbedingten Mehrbedarf in Höhe von 90,00 € zu mindern.

Bei minderjährigen Kindern wird das Nettoeinkommen nach Abzug des ausbildungsbedingten Mehrbedarfs in Höhe von 90,00 € lediglich zur Hälfte auf den Unterhaltsanspruch angerechnet.

> **Beispiel:** Der 16-jährige Martin D. aus Duisburg erhält eine Ausbildungsvergütung in Höhe von monatlich 460,00 €. Der Unterhaltspflichtige Vater ist in die 2. Einkommensgruppe der Düsseldorfer Tabelle einzustufen. Martin D. fragt nach der Höhe des Kindesunterhaltes.

Von dem monatlichen Einkommen in Höhe von 460,00 € wird der ausbildungsbedingte Mehrbedarf in Höhe von 90,00 € in Abzug gebracht, so dass ein Einkommen in Höhe von 370,00 € verbleibt. Davon ist lediglich der hälftige Betrag von 185,00 € auf den Tabellenunterhalt in Höhe von 386,00 € anzurechnen. Weiterhin ist auf den Bedarf das hälftige Kindergeld in Ansatz zu bringen. Der sechzehnjährige Martin D. erhält daher einen Kindesunterhalt in Höhe von monatlich 119,00 €.

g) Auskunftsanspruch und Durchsetzung des Kindesunterhalts. Häufig scheitert eine Unterhaltsberechnung daran, dass die von ihrem Ehemann getrennt lebende Kindesmutter keine oder nur sehr vage Informationen über das Nettoeinkommen des Ehemannes hat.

> **Beispiel:** Irene P. aus Herne lebt zusammen mit ihrem dreijährigen Sohn Kevin und ihrer vierjährigen Tochter Babette in einer eigenen Wohnung. Der Ehemann Werner P. zahlt keinen Pfennig Unterhalt und ist auch nicht bereit, Auskunft über sein Nettoeinkommen zu erteilen.

Damit der Unterhalt ordnungsgemäß berechnet werden kann, steht dem Unterhaltsberechtigten ein so genannter Auskunftsanspruch zu. Lässt sich keine außergerichtliche Klärung herbeiführen, kann dieser Auskunftsanspruch zusammen mit der Unterhaltszahlungsklage **gerichtlich** geltend gemacht werden. Personen, die Einkünfte aus nichtselbständiger Arbeit haben, müssen die letzten 12 **Gehaltsabrechnungen** und den letzten aktuellen **Steuerbescheid** vorlegen. Bei Selbständigen berechnet sich das durchschnittliche Nettoeinkommen nach den Gewinnen der letzten drei Jahre, wobei Bilanzen bzw. Einnahme- Überschussrechnungen zur Ermittlung herangezogen werden müssen.

Nach entsprechender Aufforderung hat Werner P. seine letzten 12 Gehaltsabrechnungen vorgelegt, aus denen sich ein durchschnittliches monatliches Nettoeinkommen in Höhe von 1943,00 € ergibt.

Irene P. kann daher für ihren Sohn Kevin und für die Tochter Babette jeweils 228,00 € (Zahlbetrag) verlangen.

h) Klageverfahren

Beispiel: Werner P. will auch nach entsprechenden Aufforderungsschreiben durch den Anwalt keine Auskunft über sein Nettoeinkommen erteilen. Er hat darüber hinaus mitgeteilt, keinen Unterhalt zahlen zu wollen. Irene P. fragt nach ihren Möglichkeiten.

Irene P. steht nach § 1361 Abs. 4 Satz 4 i. V. m. § 1605 BGB ein Auskunftsanspruch gegenüber ihrem Ehemann zu. Danach ist Werner P. verpflichtet, seine letzten 12 Gehaltsabrechnungen vorzulegen. Diesen Anspruch wird Irene P. im Rahmen einer **Stufenklage** – einer Klage, in der erst im Zuge des Rechtsstreits Schritt für Schritt die entsprechenden Anträge gestellt werden – zusammen mit einem noch nicht bezifferten Zahlungsanspruch gerichtlich geltend machen.

Werner P. wird antragsgemäß verurteilt werden, die entsprechende Auskunft über sein Nettoeinkommen zu erteilen.

Fortsetzung des Beispiels: Auch nach der Verurteilung verweigert Werner P. die geforderten Auskünfte.

Irene P. kann aus dem Teilurteil der Stufenklage – in diesem Fall die Verurteilung zur Auskunft – die Zwangsvollstreckung gegen ihren Ehemann einleiten. Die **Zwangsvollstreckung** findet in der Form statt, dass gegen Werner P. durch das Gericht Zwangsmittel verhängt werden, nämlich Zwangsgeld oder Zwangshaft (vgl. § 888 ZPO).

Beispiel: Nach entsprechender Zwangsmittelandrohung erteilt Werner P. endlich die geforderte Auskunft. Irene P. hat jedoch erhebliche Zweifel an der Vollständigkeit und Richtigkeit dieser Angaben, weil sie weiß, dass Werner P. nebenbei Taxi fährt, was er bei seinem Einkommensnachweis verschwiegen hat. Irene P. kann diese Tätigkeit aber nicht vor Gericht beweisen.

Der Auskunftsanspruch hat sich jedoch erledigt, da auch eine falsche Auskunft eine Auskunft im Rechtssinne ist. Irene P. hat allerdings jetzt noch die Möglichkeit, das Klageverfahren auf der zweiten Stufe weiterzubetreiben und ihren Ehemann dazu verurteilen zu lassen, die **Richtigkeit** und **Vollständigkeit** seiner Angaben an Eides statt zu versichern.

Fortsetzung des Beispiels: Unter diesem Druck ergänzt Werner P. seine ursprüngliche Auskunft dahingehend, dass er durch Taxifahren ca. 400,00 € monatlich zusätzlich verdient.

Ausgehend von dem jetzt bekannten durchschnittlichen monatlichen Nettoeinkommen in Höhe von insgesamt 2343,00 € (1943 € Gehalt + 400,00 € Einnahmen durch Taxifahren) kann Irene P. nach der Düsseldorfer Tabelle für ihre beiden Kinder jeweils einen Kindesunterhalt in Höhe von 242,00 € (Zahlbetrag) verlangen.

Fortsetzung des Beispiels: Da Werner P. trotz entsprechender Aufforderung die geforderten Kindesunterhaltsbeträge nicht zahlt, setzt Irene P. den Prozess in der dritten Stufe gegen ihren Ehemann fort. Dieser wird verurteilt, die entsprechenden Kindesunterhaltsbeträge zu zahlen. Doch auch nach der Verurteilung kommt Werner P. seinen Zahlungsverpflichtungen nicht nach. Irene P. fragt erneut nach ihren Möglichkeiten.

Sobald die vollstreckbare Ausfertigung des Urteils Werner P. zugestellt worden ist, kann Irene P. erneut die Zwangsvollstreckung betreiben. Sinnvollerweise sollte hier eine **Gehaltspfändung** durchgeführt werden, da der größte Teil des Einkommens durch nichtselbstständige Arbeit aus einem festen Anstellungsverhältnis erzielt wird.

Der Arbeitgeber wird dann die entsprechenden ausgeurteilten Beträge einbehalten und an Irene P. weiterleiten.

i) Verschiedene Möglichkeiten der Bedarfsgeltendmachung. Wie im vorliegenden Fall bereits dargestellt, hat das Kind die Möglichkeit, den Unterhaltsbetrag als statischen Festbetrag geltend zu machen. Diese Regelung hat jedoch den Nachteil, dass bei Erreichen der nächsten Altersstufe bzw. Änderung der Düsseldorfer Tabelle alle zwei Jahre immer ein Abänderungsverfahren nach § 323 ZPO erforderlich ist, wenn der Unterhaltspflichtige nicht freiwillig die geänderten Unterhaltsbeträge bezahlt.

Seit dem 1. 7. 1998 bestehen noch zwei weitere Möglichkeiten, den Unterhaltsbedarf im Klageverfahren geltend zu machen:

- **Dynamischer Unterhalt für die derzeitige Altersstufe:** Bei dieser Vorgehensweise besteht der Vorteil, dass der Unterhalt alle zwei Jahre automatisch bei Änderung der Düsseldorfer Tabelle angepasst wird. Nicht berücksichtigt wird bei dieser Regelung jedoch, wenn das Kind in eine andere Altersstufe kommt. Aus diesem Grunde ist diese Antragstellung nur dann vorteilhaft, wenn sich das Kind bereits in der 3. Altersstufe befindet.

- **Dynamischer Unterhalt für alle Altersstufen:** Der Kindesunterhalt kann als Mindestunterhalt bzw. Prozentsatz des Mindestunterhaltes für alle 3 Altersstufen verlangt werden. Da der Mindestunterhalt sich nach § 1612a BGB am steuerlichen Existenzminimum orientiert, dynamisiert sich der Unterhalt automatisch über jede Anhebung des steuerlichen Existenzminimums ab dem 1. des Monats. Der Unterhalt wird aber auch dann angepasst, wenn das Kind in die nächst höhere Altersstufe kommt und zwar ab dem 1. des Monats, ab dem das Kind die nächste Altersstufe erreicht. Diese Regelung beinhaltet keinen eigenständigen Unterhaltsanspruch, sondern bestimmt lediglich, dass aufgrund veränderter Unterhaltsbestimmungen der geschuldete Unterhalt sich automatisch dynamisch anpasst.
  Dadurch wird das umständliche Abänderungsverfahren vermieden, da die allgemeinen Gehaltssteigerungen des Pflichtigen und der Sprung in die nächste Altersgruppe mit berücksichtigt werden.

Voraussetzung für die Titulierung in dynamisierter Form ist zum einen, dass das **Kind minderjährig** ist.

Das Erfordernis der Minderjährigkeit bedeutet nicht, dass aus dem in dynamisierter Form abgefassten Titel mit **Eintritt** der **Volljährigkeit** nicht mehr die Zwangsvollstreckung betrieben werden kann. Entscheidend ist, dass das Kind bei der Schaffung des Titels minderjährig ist und der Unterhalt somit auch für die Zeit der Minderjährigkeit geltend gemacht wird. Die Wirkung des Titels im Hinblick auf eventuell bestehende Unterhaltsrückstände endet nicht mit Eintritt der Volljährigkeit.

Ferner kann in dynamisierter Form das Kind den Unterhalt nur verlangen, wenn es mit dem in Anspruch genommenen Elternteil nicht in einem Haushalt lebt.

j) Vereinfachtes Verfahren. Nach dem seit 1. 7. 1998 geltenden Kindesunterhaltsrecht kann der Kindesunterhalt für minderjährige Kinder in einem vereinfachten Verfahren geltend gemacht werden. Aufgrund der unterhaltsrechtlichen Gleichstellung ehelicher und nichtehelicher Kinder hat es das frühere Regelunterhaltsverfahren für nichteheliche Kinder abgelöst. Es gibt somit die Möglichkeit der Geltendmachung des jeweiligen Prozentsatzes vom Mindestunterhalt für alle minderjährigen Kinder, vorausgesetzt, dass das Kind nicht bei dem Elternteil lebt, gegen den der Unterhaltsanspruch geltend gemacht wird.

Seit dem 1. 1. 2009 gelten für alle Bundesländer folgende Mindestunterhaltsbeträge:

(1) Altersstufe (0 bis 5 Jahre)	281,00 €
(2) Altersstufe (6 bis 11 Jahre)	322,00 €
(3) Altersstufe (12 bis 17 Jahre)	377,00 €

Im vereinfachten Verfahren können Unterhaltsbeträge nur bis zur Höhe des 1,2 fachen des Mindestunterhalts der jeweiligen Altersstufe geltend gemacht werden. Das bedeutet, dass im so genannten vereinfachten Verfahren Unterhaltsansprüche nur bis zu den Beträgen geltend gemacht werden können, die im Rahmen der Einkommensgruppe 5 der Düsseldorfer Tabelle liegen.

Das heißt derzeitig:

(1) Altersstufe (0 bis 5 Jahre)	338,00 €
(2) Altersstufe (6 bis 11 Jahre)	387,00 €
(3) Altersstufe (12 bis 17 Jahre)	453,00 €

Bei höherem Einkommen ist somit eine Geltendmachung der Unterhaltsansprüche im vereinfachten Verfahren nicht möglich. Das Kindergeld ist hierauf anzurechnen, wobei es nach der Neufassung des § 1612 b Abs. 1 Satz 1 Nr. 1 BGB zum 1. 1. 2008 bei Minderjährigen zur Hälfte den Barbedarf deckt.

Das vereinfachte Verfahren bietet die Möglichkeit, den Unterhalt als Zahlbetrag oder als Prozentsatz vom Mindestunterhalt der jeweiligen Altersstufe geltend zu machen. Die Unterhaltsansprüche ändern sich somit automatisch mit Änderung der Altersstufe und steuerlich sächlichen Existenzminimums.

Für das vereinfachte Verfahren ist nicht mehr das Familiengericht zuständig, sondern der **Rechtspfleger.** Das Verfahren ist stark formalisiert. Die Parteien müssen sich der vom Bundesministerium der Justiz eingeführten **Vordrucke** bedienen. Diese sind beim Jugendamt oder bei jedem Amtsgericht erhältlich. Die vorgeschriebenen gerichtlichen Hinweise sind umfangreich und jedenfalls für einen Laien schwer durchschaubar.

Von Vorteil ist das vereinfachte Verfahren dahingehend, weil insoweit schneller und **kostengünstiger Unterhaltstitel** geschaffen werden können als im herkömmlichen Klageverfahren. Ferner kann im vereinfachten Verfahren der Unterhaltsschuldner nicht ohne weiteres geltend machen, er sei zu Unterhaltszahlungen nicht in der Lage. Dies bedeutet, dass die Zulässigkeit von Einwendungen an strenge formale Voraussetzungen geknüpft sind. Gibt der Unterhaltsschuldner zum Beispiel an, er sei auf Grund seiner Einkommensverhältnisse nach der Düsseldorfer Tabelle nur verpflichtet, einen geringeren Unterhaltsbetrag zu zahlen, so wird der Rechtspfleger diesen Einwand nur beachten, wenn der Unterhaltsschuldner zugleich einen bestimmten Unterhaltsbetrag anerkennt und sich auch insoweit zur Zahlung verpflichtet. Darüber hinaus muss der Unterhaltsschuldner über seine Einkünfte, sein Vermögen, seine persönlichen und wirtschaftlichen Verhältnisse Auskunft erteilen und die entsprechenden Belege vorlegen. All dies geschieht in einem entsprechenden Formular.

Die Praxis hat jedoch gezeigt, dass von der Möglichkeit, Unterhalt im vereinfachten Verfahren geltend zu machen, nur selten Gebrauch gemacht wird. Im Hinblick auf den nicht einfach auszufüllenden Antragsvordruck, die komplizierte Regelung über die Einwendungen und die vom Antragsteller abzugebende Stellungnahme handelt es sich auch nicht um einen einfach ausgestaltetes Verfahren. Auch die Möglichkeit, durch das vereinfachte Verfahren dem minderjährigen Kind schnell und kostengünstig eine Vollstreckungstitel zu ermöglichen, wird dadurch unterlaufen, dass in dem Verfahren dem Antragsgegner eine einzuräumende Monatsfrist für das Vorbringen seiner Einwendungen gegeben wird, mit der Folge, dass das Verfahren langwieriger ist, als beispielsweise das einstweilige Anordnungsverfahren in einem normalen Unterhaltsrechtsstreit. Ferner bleibt nochmals zu erwähnen, dass die Festsetzung des Unterhalts im vereinfachten Verfahren auf das 1,2 fache des Mindestunterhalts begrenzt ist, wohingegen im einstweiligen Anordnungsverfahren der volle Unterhalt zugesprochen werden kann.

Damit wird verständlich, warum letztendlich dieses Verfahren sich nicht durchgesetzt hat.

k) Ausweitung des Auskunftsrechts. Die Gerichte haben bereits in der Vergangenheit davon Gebrauch gemacht, von Amts wegen Lohnbescheinigungen einzuholen. Nach dem geänderten Kindschaftsrecht gem. §§ 643 Abs. 1 ZPO hat das Gericht nunmehr die Befugnis erhalten, von beiden Parteien dem Unterhaltsberechtigten und dem Unterhaltsverpflichteten bezüglich aller Angaben, die für die Berechnung des Unterhalts erforderlich sind, Belege anzufordern. Für den Fall, dass nicht oder nicht vollständig Auskunft erteilt wird, hat das Gericht die Befugnis, Auskünfte von bestimmten Dritten insbesondere von Arbeitgebern, Sozialleistungsträgern, Versicherungsunternehmen, Finanzamt sowie Trägern der Sozialhilfe zu erfragen, § 643 Abs. 2 ZPO.

2. Kindesunterhalt für volljährige Kinder

Eltern schulden ihren volljährigen Kindern grundsätzlich solange Unterhalt, bis diese ihre wirtschaftliche Selbständigkeit erlangt haben, wobei jedoch, von Ausnahmen abgesehen, nur eine **Ausbildung** zu finanzieren ist. Diese kann allerdings unter Umständen eine abgeschlossene Lehre und ein darauf aufbauendes Studium beinhalten. Erlernt ein Mädchen zunächst den Beruf der Krankenschwester und beginnt dann mit einem Studium der Medizin, so ist hier eine einheitliche Ausbildung anzunehmen. Entschließt sich dagegen die volljährige Tochter, nach der Ausbildung zur Krankenschwester noch eine Ausbildung zur Rechtsanwaltsgehilfin zu beginnen, so brauchen die Eltern diese Ausbildung nicht mehr zu finanzieren. Das volljährige Kind hat auch keinen Anspruch auf Finanzierung eines unbegrenzt langen Studiums. Grundsätzlich sind die so genannten Regelstudienzeiten, wie sie auch beim Bezug von Leistungen nach dem Bundesausbildungsförderungsgesetz (BaföG) gelten, einzuhalten. Ergeben sich jedoch besondere Umstände, z. B. durch Krankheit eines Kindes, so haben die Eltern das Kind in der verlängerten Studienzeit zu unterstützen. Der Unterhaltsrichtsatz für ein volljähriges studierendes Kind mit eigener Wohnung beträgt nach der Düsseldorfer Tabelle monatlich 640,00 €.

Selbstverständlich sind eigene Einkünfte des volljährigen Kindes in Abzug zu bringen. Gleichzeitig ist aufgrund der Neufassung des § 1612 b Abs. 1 BGB seit dem 1. 1. 2008 das entfallende Kindergeld bei volljährigen Kindern in voller Höhe zur Deckung seines Barbedarfs zu verwenden.

Beispiel: Der 22-jährige Theologiestudent Thomas B. bewohnt in Münster eine Studentenwohnung. In den ersten Semestern hat er einen Teil seines Lebensunterhalts dadurch bestritten, dass er abends in einer Studentenkneipe gekellnert hat. Zur Zeit hat er die ersten Prüfungen abzulegen und kann daher dieser Nebentätigkeit nicht mehr nachgehen. Seine Eltern Werner und Margarete B. leben voneinander getrennt. Sein Vater erzielt als Personalleiter ein monatliches Nettoeinkommen in Höhe von 3068,00 €, seine Mutter als Verkäuferin ein monatliches Nettoeinkommen in Höhe von 1534,00 €.

Thomas B. verlangt von seinem Vater einen monatlichen Kindes-unterhalt in Höhe von 640,00 €.

Da der Student Thomas B. volljährig ist und nicht mehr zu Hause wohnt, steht ihm ein Regelunterhalt in Höhe von 640,00 € zu. Diesen Unterhaltsbedarf in Höhe von 640,00 € kann Thomas B. durch den Bezug von Kindergeld in Höhe von 164,00 € teilweise abdecken. Es bleibt ein sogenannter ungedeckter Bedarf in Höhe von 476,00 €. Der Unterhaltsanspruch ist jedoch nicht allein gegen den Vater zu richten, da bei volljährigen Kindern grundsätzlich beide Elternteile zahlungspflichtig sind. Allerdings kommt es auf die **Leistungsfähigkeit** jedes Elternteils an, das heißt die Eltern schulden jeweils einen Teil des Unterhaltsbetrages, der sich nach der Höhe ihrer Einkommen abzüglich des angemessenen Eigenbedarfs (= Selbstbehalt) richtet. Da volljährige Kinder nicht mehr den Betreuungsbedarf wie minderjährige Kinder haben, ist auch der notwendige Selbstbehalt ihnen gegenüber auf 1100,00 € erhöht.

Im Falle der Familie B. verbleibt der Mutter bei einem Einkommen in Höhe von 1534,00 € und einem Selbstbehalt von 1100,00 € ein Rest von 434,00 €, dem Vater dagegen nach Abzug des Selbstbehaltes 1968,00 €. Beide Restsummen werden addiert, um anschließend den **prozentualen Unterhaltsteil** zu ermitteln:

434,00 € + 1968,00 € = 2402,00 €
434,00 € von 2402,00 € = 18,07 %
1968,00 € von 2402,00 € ist = 81,93 %

Demnach hat die Mutter 18,07 % von 476,00 € = 86,00 €, der Vater den Rest in Höhe von 81,93 % = 390,00 € zu zahlen.

Wenn die Verpflichteten lediglich über ein **Nettoeinkommen** in Höhe des erhöhten **Selbstbehaltes** verfügen, brauchen Sie den Volljährigenunterhalt nicht zu zahlen. Studierenden volljährigen Kindern stehen in einem solchen Fall Bafög-Leistungen zu. In vielen Fällen ist die Mutter des volljährigen Kindes nicht in der Lage, Unterhalt zu zahlen, da sie entweder überhaupt keine Einkünfte hat oder ihre Einkünfte unter dem Selbstbehalt liegen.

Eine **Ausnahmeregelung** besteht für die Kinder, die zwar schon **volljährig** sind, aber das **21. Lebensjahr** noch nicht vollendet haben. Für diese soll der Unterhaltsanspruch dem Unterhaltsanspruch der Minderjährigen gleichgestellt werden, so dass es bei den Beträgen der Düsseldorfer Tabelle, entsprechend der 4. Altersstufe bleibt. Jedoch nur, wenn das volljährige Kind sich noch im Haushalt des betreuenden Elternteils aufhält und sich noch in der allgemeinen Schulausbildung befindet. Es gilt für diese Kinder auch der verminderte Selbstbehalt, 900,00 € für Erwerbstätige bzw. 770,00 € für nichterwerbstätige Elternteile und nicht der erhöhte Selbstbehalt von 1100,00 €. In den übrigen Fällen sind die Einkommen der Eltern zu addieren, der gerundete Unterhaltsbetrag daraus zu ermitteln. Der Unterhalt wird von beiden Elternteilen im Verhältnis ihrer Einkünfte zueinander wie im vorstehenden Beispiel errechnet. Anders als Kinder ab Vollendung des 21. Lebensjahres, deren Unterhaltsansprüche gegenüber dem Ehegattenunterhalt nachrangig sind, werden diese Kinder wie minderjährige Kinder behandelt, deren Unterhaltsanspruch dem Ehegattenunterhaltsanspruch vorgeht.

3. Sonderunterhalt und Mehrbedarf

Der Unterhaltsbedarf für Kinder setzt sich zusammen aus dem so genannten laufenden Bedarf, der mit dem Regelunterhalt der Düsseldorfer Tabelle abgegolten wird, dem Sonderbedarf und Mehrbedarf. Wenn ein zusätzlicher Bedarf vorliegt, muss zunächst die Frage, ob Mehr- oder Sonderbedarf vorliegt, geklärt sein. Beide Formen des Unterhalts unterliegen unterschiedlichen Voraussetzungen. Insbesondere für Forderungen aus der Vergangenheit ist die Unterscheidung maßgeblich. Sonderbedarf kann bis zum Ablauf eines Jahres nachträglich gefordert werden. Er ist ein selbstständiger Teil des Unterhalts.

Mehrbedarf kann für die Vergangenheit nur zuerkannt werden, wenn der Unterhaltspflichtige zum Zwecke der Geltendmachung des Anspruchs auch aufgefordert worden ist. Es muss insoweit eine so genannte Inverzugsetzung vorliegen. Mehrbedarf ist zudem ein unselbstständiger Teil des Unterhalts und muss zusammen mit dem laufenden Unterhalt geltend gemacht werden.

Unter Sonderbedarf versteht man einen unregelmäßigen und gleichzeitig außergewöhnlich hohen Bedarf, der überraschend und der Höhe nach nicht abschätzbar auftritt. Soweit der Unterhalts-pflichtige leistungsfähig ist, d.h. so viel Einkommen vorhanden ist, dass sein Eigenbedarf gesichert ist, ist der Sonderbedarf grundsätzlich zur Hälfte zu übernehmen.

Von Mehrbedarf spricht man bei einem zusätzlichen Lebensbedarf über einen längeren Zeitraum. Die Übernahme dieser Kosten hat bei den Eltern anteilig zu erfolgen entsprechend der Einkommensverhältnisse. Als Sockelbetrag ist allerdings der angemessene Selbstbehalt von 1.100,00 € zu berücksichtigen. Verfügt ein Elternteil über weniger Einkommen und der andere Elternteil ist auch nach Abzug des angemessenen Selbstbehalts in Höhe von 1.100,00 € leistungsfähig, tritt dieser in Ersatzhaftung.

Nach der neuen Rechtsprechung des BGH aus dem Jahre 2006 bleibt der Sonderbedarf mittlerweile die Ausnahme. Es hat sich durchgesetzt, dass die Erstausstattung bei der Geburt eines Kindes sowie unvorhergesehene Arzt- und Arzneikosten, beispielsweise auf Grund eines Unfalls, zu Sonderbedarf führen.

Typischer Mehrbedarf ist der Aufwand für ein krankes oder pflegebedürftiges Kind. Hierzu zählt auch die kieferorthopädische Behandlung. Ebenfalls als Mehrbedarf hat sich, der Besuch einer Privatschule oder eines Internats durchgesetzt. Je nach den Umständen sind auch Kosten für Nachhilfestunden sowie Kosten der Konfirmation beziehungsweise Kommunion als Mehrbedarf anzusehen.

Nichts anderes gilt für Kosten einer Klassenfahrt. Mechthild K. kann unter diesen Voraussetzungen die Kosten für die Klassenfahrt von ihrem Ehemann als Mehrbedarf verlangen. Die Höhe des Mehrbedarfs für jedes einzelne Elternteil erfolgt sodann an den jeweiligen Einkommensverhältnissen.

Nach der bisherigen Rechtsprechung war es nicht möglich, Kindergarten, Kinderhort bzw. vergleichbare Aufwendungen für die Betreuung eines Kindes als Mehrbedarf geltend zu machen. An dieser Rechtsauffassung hält der Bundesgerichtshof seit seiner Entscheidung im November 2008 nicht mehr fest.

Danach sind diese Betreuungskosten in den Tabellenbeträgen der Düsseldorfer Tabelle nicht enthalten. Kinderbetreuungsbeiträge können, schon da sie regelmäßig anfallen, keinen Sonderbedarf begründen. Als Mehrbedarf ist der Teil des Lebensbedarfs anzusehen, der regelmäßig während eines längeren Zeitraums anfällt. Die anfallenden Kosten haben sich die Eltern anteilig entsprechend ihrer Einkommensverhältnissen zu teilen.

Beispiel: Jörn W. aus Berlin lebt von seiner Ehefrau Katja W. getrennt. Aus ihrer Ehe ist das gemeinsame Kind Martin (5) hervorgegangen. Martin lebt bei der Kindesmutter und wird von dieser versorgt und betreut. Beide Eheleute sind erwerbstätig. Martin besucht täglich den Kindergarten.

Jörn W. erzielt ein monatliches Nettoeinkommen in Höhe von 2.000,00 €. Katja W. verdient monatlich bereinigt 1.200,00 €. Für den Kindergarten sind monatlich 200,00 € zu zahlen, wobei eine Verpflegungspauschale in Höhe von 50,00 € zusätzlich anfällt. Katja W. möchte wissen, in welcher Höhe der Kindesvater sich an den Kindergartenkosten beteiligen muss. Außerdem glaubt sie, dass der Kindesvater sich an den Verpflegungskosten zu beteiligen hat.

Wie bereits dargelegt, haften die Eltern für Mehrbedarf anteilig entsprechend ihrer Einkommensverhältnisse. Als Sockelbetrag ist allerdings zunächst der angemessene Selbstbehalt in Höhe von 1.100,00 € abzuziehen. Beide Restsummen werden addiert, um den jeweiligen prozentualen Anteil zu ermitteln.

2.000,00 € −1.100,00 € = 900,00 €
1.200,00 € −1.100,00 € = 100,00 €
900,00 € + 100,00 € = 1.000,00 €
100,00 € von 1.000,00 € = 10%
900,00 € von 1.000,00 € = 90%

Demnach hat Katja W. 10% von 200,00 € = 20,00 €, Jörn W. den Rest in Höhe von 90 % = 180,00 € zu zahlen.

Verpflegungskosten sind in den Tabellenbeträgen der Düsseldorfer Tabelle hingegen berücksichtigt. Da Martin ganztägig im Kindergarten betreut und versorgt wird, muss Katja W. keine zusätzlichen Verpflegungskosten aufwenden. Die Verpflegungskosten sind daher Bestandteil des laufenden Lebensbedarfs des Kindes und können daher nicht zusätzlich geltend gemacht werden.

4. Kindesunterhalt für Kinder aus Ehen in den neuen Bundesländern

Seit der Wiedervereinigung am 3.10.1990 gelten nach dem Einigungsvertrag in den neuen Bundesländern die Vorschriften zum Kindesunterhalt gem. §§ 1601 ff. BGB. Aufgrund niedrigerer Verdienste und Lebenshaltungskosten galt bis zum 31.12.2007 in den neuen Bundesländern eine eigene Unterhaltstabelle. Ab Inkrafttreten der Unterhaltsreform zum 1.1.2008 gibt es wegen der einheitlichen Festsetzung des Mindestunterhalts nach dem sächlichen steuerlichen Existenzminimum für das gesamte Bundesgebiet eine einheitliche Unterhaltstabelle, die so genannte Düsseldorfer Tabelle. Sämtliche Oberlandesgerichte der neuen Bundesländer haben auch einheitlich die Selbstbehaltssätze der Düsseldorfer Tabelle übernommen, d.h. der notwendige Selbstbehalt beträgt für den Erwerbstätigen 900,00 € und für den Nichterwerbstätigen 770,00 €. Der angemessene Selbstbehalt gegenüber Volljährigen beläuft sich auf 1.100,00 €.

5. Unterstützung durch den Staat

- **Kindergeld:** Die staatliche Unterstützung für Kinder nach dem Bundeskindergeldgesetz (BKGG) wurde bereits bei der Berechnung des Kindesunterhaltes (vgl. Seite 43 ff.) dargestellt.

- **Unterhaltsgeld nach dem Unterhaltsvorschussgesetz:** Eine weitere Hilfe des Staates stellt das Unterhaltsgeld nach dem Unterhaltsvorschussgesetz dar, das jedoch längstens sechs Jahre gezahlt wird. Danach kann ein alleinerziehender Elternteil den jeweiligen Mindestkindesunterhalt bis zum 12. Lebensjahr des Kindes geltend machen, wenn von dem anderen Elternteil der Unterhalt nicht oder nur unregelmäßig gezahlt wird.

  Zur Geltendmachung des Unterhaltsvorschusses ist es nicht erforderlich, dass der Vater schon zu Unterhaltszahlungen verurteilt ist. Der **Anspruch** kann bei der zuständigen Stadt (Jugendamt) **geltend gemacht** werden, in der der alleinerziehende Elternteil lebt. Der Unterhaltsanspruch gegenüber dem Unterhaltspflichtigen geht in Höhe des geleisteten Unterhaltsvorschusses auf das

jeweilige Amt über. Das heißt, dass im Falle der Unterhaltsklage nur der überschießende Kindesunterhalt an das unterhaltsberechtigte Kind zu Händen seines gesetzlichen Vertreters ausgezahlt wird. Der bereits gezahlte Unterhalt muss an das zuständige Amt zurückgeführt werden. Die Höhe der Leistung ist ab dem Inkrafttreten des ersten Gesetzes zur Änderung des Unterhaltsvorschussgesetzes (1. UVG ÄndG) dem Mindestunterhalt der Düsseldorfer Tabelle entsprechend der 1. und 2. Altersgruppe angepasst. Die Unterhaltsvorschussleistung beträgt demnach in der ersten Altersstufe 281,00 € und in der 2. Altersgruppe 322,00 €. Abzuziehen davon ist allerdings das gesamte Kindergeld für ein Kind und damit der vollständige Betrag von derzeit 164,00 €.
Dieser Betrag wird an den Elternteil gezahlt, bei dem der Berechtigte lebt. Schuldet der Elternteil aufgrund seiner Einkommensverhältnisse einen monatlichen Kindesunterhalt beispielsweise nach der Einkommensgruppe 4 der Düsseldorfer Tabelle in Höhe von 242,00 € (Zahlbetrag), so ist der rückständig erhöhte Kindesunterhalt an das zuständige Amt, die den geleisteten Unterhaltsvorschuss in Höhe von monatlich 117,00 € geleistet haben, zu zahlen. Den Differenzbetrag in Höhe von 125,00 € kann der Elternteil beanspruchen, bei dem das minderjährige Kind lebt.

- **Erziehungsgeld:** Zum 1. 1. 2007 ist das Bundeselterngeld – und Elternzeitgesetz (BEEG) in Kraft getreten und hat das bisherige Bundeserziehungsgeldgesetz abgelöst.
  Jeder betreuende Elternteil, der seine Erwerbstätigkeit unterbricht oder einschränkt, erhält einen an seinen vorherigen Einkommen orientierten Ausgleich.
  Eltern, die erwerbstätig sind und ihre Erwerbstätigkeit unterbrechen bzw. auf höchstens 30 Std. wöchentlich reduzieren, erhalten 12 Monate lang eine Leistung in Höhe 67 % des vorherigen Nettoeinkommens, höchstens 1.800,00 € im Monat.
  Die Bezugsdauer kann auf 14 Monate erhöht werden, wenn beide Elternteile abwechselnd das Kind betreuen. Auch Eltern, die nicht oder die nicht voll erwerbstätig waren, erhalten Elterngeld in Höhe eines Mindestbetrages von 300,00 €. Dabei werden Geringverdiener und Mehrkindfamilien besonders berücksichtigt.

Voraussetzung für die Zahlung des Elterngeldes ist es jedoch, dass der betreuende Elternteil mit dem Kind in einem Haushalt lebt, es selbst betreut und erzieht und keine oder keine volle Erwerbstätigkeit ausübt.

Elterngeld ist schriftlich zu beantragen und wird rückwirkend nur für die letzten 3 Monate vor Beginn des Einreichungsmonats gezahlt. Es macht Sinn, sich individuell von der zuständigen Erziehungsgeldstelle eingehend beraten zu lassen, welche Regelung im Einzelfall zu bevorzugen ist.

> **Achtung:** Das Elterngeld wird bei dem Ehegattenunterhalt in Höhe von 300,00 € monatlich nicht als unterhaltsrelevantes Einkommen angerechnet.

6. Getrenntlebenunterhalt

Der Trennungsunterhalt ist in § 1361 BGB geregelt:

> (1) Leben die Ehegatten getrennt, so kann ein Ehegatte von dem anderen den nach den Lebensverhältnissen und den Erwerbs-und Vermögensverhältnissen der Ehegatten angemessen Unterhalt verlangen; für Aufwendungen infolge eines Körper-oder Gesundheitsschaden gilt § 1610a BGB. Ist zwischen den getrennt lebenden Ehegatten ein Scheidungsverfahren rechtshängig, so gehört zum Unterhalt vom Eintritt der Rechtshängigkeit an auch die Kosten einer angemessenen Versicherung für den Fall des Alters sowie der verminderten Erwerbsfähigkeit.
>
> (2) Der nicht erwerbstätige Ehegatte kann nur dann darauf verwiesen werden, seinen Unterhalt durch eine Erwerbstätigkeit selber zu verdienen, wenn dies von ihm nach seinen persönlichen Verhältnissen, insbesondere wegen einer früheren Erwerbstätigkeit unter Berücksichtigung der Dauer der Ehe und nach den wirtschaftlichen Verhältnissen beider Ehegatten erwartet werden kann.

Der Trennungsunterhalt nach § 1361 Abs. 1 BGB hat daher zwei Voraussetzungen:

• Eine bestehende Ehe zwischen den Parteien sowie
• ein völliges Getrenntleben der Eheleute.

Dabei ist es nicht erforderlich, dass die Eheleute verschiedene Haushalte haben. Eine Trennung ist gem. § 1567 BGB auch innerhalb der Ehewohnung möglich. Es ist auch nicht erforderlich, dass die Parteien einmal einen gemeinsamen Hausstand hatten oder gemeinsam wirtschafteten. Der Trennungsunterhalt wird nach bisheriger Rechtsprechung sogar dann geschuldet, wenn die Eheleute nie zusammengelebt haben.

Beispiel: Celystina und Siggi M. sind seit sechs Jahren verheiratet. Wegen ihrer beruflichen Tätigkeit leben Celystina in Düsseldorf und Siggi in Hannover in einer jeweils eigenen Wohnung.

Die Eheleute haben sich regelmäßig nur an den Wochenenden gesehen. Siggi M verfügt über ein deutlich höheres Nettoeinkommen als seine Frau Celystina. Celystina fragt nach ihrem Unterhaltsanspruch.

Obwohl die Eheleute hier zu keinem Zeitpunkt einen gemeinsamen Hausstand hatten und jeder seinem Beruf nachgegangen ist, besteht ein Unterhaltsanspruch für Celystina, da die **ehelichen Lebensverhältnisse** durch das wesentlich höhere Einkommen ihres Ehemannes Siggi **geprägt** waren.

Der **Unterhaltsgläubiger** muss in der Regel **bedürftig** sein. Die Bedürftigkeit richtet sich nach den Einkommens- und Vermögensverhältnissen der Eheleute. Entscheidend ist, ob die eigenen Mittel des Unterhaltsgläubigers für den eheangemessenen Unterhalt ausreichen. Dabei sind alle Einkünfte mitheranzuziehen.

Geht die Ehefrau einer beruflichen Tätigkeit nicht nach, so richtet sich die **Erwerbsobliegenheitsverpflichtung** nach den persönlichen Verhältnissen der Ehefrau insbesondere nach ihrer früheren Berufstätigkeit, der Dauer der Ehe sowie den wirtschaftlichen Verhältnissen beider Ehegatten.

Während der Trennungszeit sollen grundsätzlich einschneidende Veränderungen der familiären Verhältnisse vermieden werden, da die Partner in dieser Zeit entscheiden, ob sie sich wieder versöhnen oder ob endgültig eine Scheidung ansteht. In dieser Phase soll daher durch das Gesetz keine dauerhafte Änderung der Lebensverhältnisse eintreten. Die eheliche Verantwortung und Solidarität ist in der Trennungsphase größer als nach der Scheidung.

Dieser Grundsatz verändert sich allerdings bei zunehmender Dauer des Getrenntlebens. Die Umstände des Einzelfalles sind entscheidend. Die Erwerbsobliegenheit kann insbesondere dann später einsetzen, wenn minderjährige Kinder zu betreuen sind. Nach bisher geltendem Recht konnte man davon ausgehen, dass bei der Betreuung eines Kindes zwischen dem 11. und 15. Lebensjahr eine Verpflichtung zur Aufnahme einer Teilzeitbeschäftigung bestand und zwischen dem 15. bis 16. Lebensjahr dem Unterhaltsbedürftigen eine Vollzeitbeschäftigung zugemutet werden konnte.

Nach dem seit dem 1.1. 2008 geltenden neuen Unterhaltsrecht ist eine geschiedene Frau grundsätzlich ab dem 3. Lebensjahr des Kindes verpflichtet, einer beruflichen Tätigkeit nachzugehen. Die Dauer des Unterhaltsanspruches verlängert sich allerdings, soweit dies die Belange des Kindes sowie die bestehenden Möglichkeiten der Kinderbetreuung erfordern (vgl. S. ###). Die gleichen Grundsätze wird man auch beim Trennungsunterhalt heranziehen müssen.

Es besteht auch dann keine Erwerbsobliegenheit, wenn die Ehefrau **krank** ist oder sich bereits im **vorgerückten Alter** befindet. Es gelten hier die gleichen Grundsätze, wie sie die §§ 1569 ff. BGB für den nachehelichen Unterhalt vorschreiben.

Die **Höhe** des **Getrenntlebensunterhaltes** richtet sich nach den ehelichen Lebensverhältnissen. Die ehelichen Lebensverhältnisse werden nicht nur von dem in der Ehe verfügbaren Einkommen geprägt, sondern auch von der Gesamtheit aller wirtschaftlich relevanten, beruflichen, gesundheitlichen, familiären und ähnlichen Faktoren mitbestimmt.

Es spielen nicht nur die Einkünfte aus Erwerbstätigkeit bei der Bedarfsermittlung eine Rolle sondern z. B. auch Zinsen aus Kapital oder mietfreies Wohnen.

Die genaue Ermittlung des anrechenbaren Einkommens wurde bereits oben beim Kindesunterhalt näher dargestellt.

Bei der **Berechnung** des Getrenntlebensunterhaltes zieht man von dem anrechenbaren Nettoeinkommen noch den Kindesunterhalt ab; man spricht jetzt von dem so genannten bereinigten Nettoeinkommen. Von diesem Betrag stehen der Ehefrau grundsätzlich $^3/_7$ zu. Ist der Ehemann nicht mehr berufstätig, erhöht sich der Unterhaltsbetrag sogar auf die Hälfte seines Nettoeinkommens.

Beispiel: Marlies H. aus Köln lebt seit zwei Wochen von ihrem Ehemann Dirk H. getrennt. Sie ist vorübergehend mit der gemeinsamen zweijährigen Tochter Andrea zu ihrer Freundin gezogen. Der Ehemann erzielt ein durchschnittliches monatliches Nettoeinkommen in Höhe von 3000,00 €.

Marlies H. erzielt keine eigenen Einkünfte. Sie fragt, welche Unterhaltsansprüche ihr zustehen.

Diese errechnen sich wie folgt:

Nettoeinkommen des Ehemannes	3000,00 €
abzgl. 5 % für berufsbedingte Aufwendungen	− 150,00 €
	2850,00 €
abzüglich Kindesunterhalt für die Tochter Andrea nach der DT (Einstufung in die nächst höhere Einkommensgruppe 6), da der Ehemann nur Unterhalt für die Ehefrau und ein Kind zu leisten hat	278,00 €
verbleiben	**2572,00 €**
davon $^3/_7$	**1102,00 €**

Bei der Berechnung des Ehegattenunterhaltes wird der Zahlbetrag des Kindesunterhaltes vom Einkommen des Ehemannes abgezogen.

Dirk H. hat die oben errechneten Unterhaltsbeträge bis spätestens zum 3. Werktag eines jeden Monats im Voraus an seine Ehefrau zu zahlen.

Wichtig: Es ist grundsätzlich keine Obergrenze für den Ehegattenunterhalt vorgesehen. Es kann jedoch zu einer Begrenzung nach oben kommen, wenn ein Unterhaltsschuldner mit sehr hohem Vermögen, Ausgaben für die Vermögensbildung tätigt und somit die Einkünfte nicht in voller Höhe für die Lebenshaltungskosten ausgegeben wurden. Man spricht dann von einer sogenannten Sättigungsgrenze.

Bei sehr hohen Einkünften richtet sich der Unterhalt nach dem konkreten Bedarf. Der Unterhalt wird dann nicht nach einer Quote berechnet.

In der Regel kommt die konkrete Bedarfsrechnung zum tragen, wenn der Unterhaltsbedarf bei mindestens 5.000,00 € liegt.

Die unterhaltsberechtigte Ehefrau muss ihren Bedarf konkret nachweisen. Sie muss alle zur Aufrechterhaltung ihres bisherigen Lebensstandards benötigten Kosten auflisten. Dazu gehören z. B. Ausgaben für den Haushalt, Miete mit Nebenkosten, Kleidung, Kosmetik, Körperpflege, Friseur, Auto, Sport, Kultur, Versicherungen, Vorsorgeaufwendungen, Restaurantbesuche, Zeitschriften, etc.

Beispiel: Uschi K. ist seit 15 Jahren mit dem sehr erfolgreichen Top-Manager Uwe K. verheiratet. Uwe K. erzielt ein durchschnittliches monatliches Nettoeinkommen in Höhe von ca. 40.000,00 €. Uschi K. war während der Ehezeit nicht berufstätig. Sie hat gelegentlich als Model gearbeitet und hat im übrigen den Haushalt geführt und ihrem Ehemann den Rücken freigehalten. Die Eheleute führten einen aufwendigen Lebensstil, Kreuzfahrten, PKW Porsche, PKW Mercedes, Restaurantbesuche. Die Ehefrau kaufte ihre Garderobe in exklusiven Geschäften in der ganzen Welt ein.

Uschi K. listet ihren monatlichen konkreten Bedarf wie folgt auf:

Kosten für Nahrungs- und Genussmittel	500,00 €
Wohnbedarf, gemessen an den Lebensverhältnissen	1.500,00 €
Nebenkosten	400,00 €
Kosmetik/Pflegeprodukte	500,00 €
Friseur	200,00 €
Telefon/Porto	100,00 €
Kleidung	1.000,00 €
Haushaltshilfe	400,00 €
Gärtner	200,00 €
PKW Kosten	400,00 €
Sport	100,00 €
Hobby	50,00 €
Urlaub	1.000,00 €
Theater/Kino	100,00 €
Restaurantbesuche	400,00 €
Zeitschriften	50,00 €
Krankenversicherung	450,00 €
Lebensversicherung	500,00 €

Insgesamt ergibt sich ein monatlicher Unterhaltsbedarf in Höhe von 7.850,00 €.

Da ihr Ehemann leistungsfähig ist, steht Uschi K. ein monatlicher Unterhaltsanspruch in Höhe von 7.850,00 € zu.

a) Differenzunterhalt. Hat die Ehefrau eigene Einkünfte, so schuldet der Ehemann nicht den vollen Unterhalt, sondern lediglich einen Teil. Dieser so genannte Differenzunterhalt soll verhindern, dass ein Ehepartner sozial oder finanziell absteigt, vielmehr soll sich der Lebensstandard bei beiden Ehepartnern auch nach der Trennung auf möglichst gleichem Niveau bewegen. Maßgeblich für die Unterhaltsfrage sind demnach die ehelichen Lebensverhältnisse.

b) Neue BGH-Rechtsprechung. In diesem Zusammenhang war früher von Bedeutung, ob die Ehefrau bereits während des Zusammenlebens oder erst nach der Trennung eine berufliche Tätigkeit aufgenommen hat. Im ersten Fall wurde der Unterhalt nach der so genannten Differenz, im zweiten Fall nach der Anrechnungsmethode berechnet. Im Jahre 2001 hat der BGH die bisherige Rechtsprechung im Bezug auf die Anrechnungsmethode aufgegeben und nunmehr festgestellt, dass auch die nach einer Trennung oder Scheidung aufgenommene oder erweiterte Erwerbstätigkeit des bisher haushaltsführenden Ehegatten die ehelichen Lebensverhältnisse prägt. Hausarbeit und nach Trennung oder Scheidung aufgenommene Erwerbstätigkeit werden mithin weitgehend gleichgestellt. Gehen beide Ehepartner einer beruflichen Tätigkeit nach, ermittelt sich der Unterhalt nach der so genannten **Differenzmethode.**

> **Beispiel:** Gabi K. aus Oberhausen lebt seit 3 Monaten von ihrem Ehemann Günther K getrennt. Wie bereits vor der Trennung erzielt Gabi K. als Arzthelferin ein durchschnittliches monatliches Nettoeinkommen in Höhe von 1 000,00 €, während Günther K. als leitender Angestellter ein durchschnittliches Nettoeinkommen in Höhe von 3 000,00 € hat. Der Ehemann ist der Auffassung, er müsse für die Zeit des Getrenntlebens keinen Unterhalt zahlen, da seine Ehefrau über eigene Einkünfte verfügt.

Es ist zwar richtig, dass grundsätzlich jeder Ehepartner für seinen eigenen Unterhalt verantwortlich ist, doch trifft die Meinung des Ehemannes nicht zu, er habe gar keinen Unterhalt zu zahlen, weil seine Ehefrau ihren Lebensunterhalt von ihren eigenen Einkünften bestreiten könne. Da sich die Eheleute K. bei einem Nettoeinkommen in Höhe von 4 000,00 € einen entsprechenden Lebensstandard leisten konnten, müsste sich Frau K. nach der Trennung ohne einen entsprechenden **Aufstockungs-** bzw. **Differenzunterhalt** seitens ihres Ehemannes erheblich einschränken. Die Rechtsprechung sagt einhellig, dass eine Einschränkung in der Trennungszeit für den weniger verdienenden Ehegatten nicht zumutbar ist, unabhängig davon, welcher Ehegatte die Trennung eingeleitet hat. Der Unterhaltsanspruch der Gabi K. berechnet sich daher wie folgt:

Nettoeinkommen des Ehemannes	3000,00 €
Abzüglich 5 % für berufsbedingte Aufwendungen	150,00 €
	2850,00 €

Abzüglich des um 5 % = 50,00 € für berufsbedingte Aufwendungen	
verminderte Nettoeinkommen der Ehefrau	950,00 €
verbleiben	1900,00 €
davon ³/₇	**814,29 €**

Der besserverdienende Ehemann K. hat somit monatlich im Voraus 814,29 € bis spätestens zum 3. Werktag eines jeden Monats an seine getrennt lebende Ehefrau zu überweisen. Der Unterhalt kann auch nach der so genannten Additionsmethode berechnet werden, wobei sich keine Unterschiede ergeben, wenn bei beiden Eheleuten nur mit Einkünften aus Erwerbseinkommen gerechnet wird.

Nettoeinkommen Ehemann	3000,00 €
abzüglich 5 % für berufsbedingte Aufwendungen	150,00 €
	2850,00 €
abzüglich ¹/₇ Erwerbsanreiz in Höhe von	407,14 €
	2442,86 €
zzgl das um 5 % für berufsbedingte Aufwendungen verminderte Nettoeinkommen	
der Ehefrau in Höhe von	950,00 €
abzüglich ¹/₇ Erwerbsanreiz in Höhe von	− 135,71 €
verbleiben	3257,15 €
geteilt durch 2	1628,58 €
abzüglich anrechenbares Einkommen Ehefrau	814,29 €
	814,29 €

c) Additionsmethode. Die Additionsmethode ist immer dann bei der Unterhaltsberechnung zu benutzen, wenn weitere Einkünfte als Einkünfte aus Erwerbstätigkeit vorliegen, da bei diesen Einkünften der Halbteilungsgrundsatz gilt.

Beispiel: Die Eheleute Gerd und Helma P. leben bei 15jähriger Ehezeit seit ca. 2 Wochen voneinander getrennt. Helma P. ist in eine eigene Wohnung gezogen. Der Ehemann verfügt aus einer Angestelltentätigkeit über ein monatliches Nettoeinkommen in Höhe von 2500,00 €. Darüber hinaus erzielt er Einkünfte aus Kapitalvermögen in Höhe von 500,00 € sowie Einkünfte aus Vermietung und Verpachtung in Höhe von 250,00 €. Da ihm ein Firmen-Pkw zur Verfügung steht, ist noch der Pkw-Vorteil mit 200,00 € bei der Unterhaltsberechnung zu berücksichtigen.

Die Ehefrau Helma verfügt lediglich über ein Nettoeinkommen in Höhe von 1000,00 €.

Der Unterhalt berechnet sich wie folgt:

Einkommen Ehemann

Nebenrechnung:

Einkünfte aus nicht selbständiger Tätigkeit	2500,00 €
Zinserträge	500,00 €
Vermietung und Verpachtung	250,00 €
Pkw-Vorteil	200,00 €
Insgesamt	3450,00 €
Davon aus Erwerbstätigkeit	2500,00 €
abzgl. pauschaler berufsbedingter	
Aufwendungen in Höhe von	125,00 €
	2375,00 €
Insgesamt	3450,00 €
	− 125,00 €
	3325,00 €
Dazu Wohnwert	400,00 €
	3725,00 €
Abzgl. Belastungen	
Darlehen Haus	400,00 €
Konsumkredit	150,00 €
	550,00 €
	3175,00
Einkommen Ehefrau	1000,00 €
Abzgl. 5 % für berufsbedingte Aufwendungen	50,00 €
	950,00 €
Erwerbstätigenbonus für Pflichtigen aus	3850,00 €
anteilgeminderten Erwerbseinkommen	− 2025,00 €
(500,00 € + 250,00 € + 200,00 €	
+ 125,00 € + 400,00 € +550,00 €)	
	1825,00 €
Davon $1/7$	260,00 €
Bedarfsbestimmendes Einkommen	3175,00 €
	− 260,00 €
	2915,00 €

Erwerbstätigen Bonus für Ehegatten	950,00 €
Davon $^1/_7$	136,00 €
Bedarfsbestimmendes Einkommen	950,00 €
	− 136,00 €
	814,00 €
Einkommen Ehemann	2915,00 €
Einkommen Ehefrau	+ 814,00 €
	= 3729,00 €
Davon $^1/_2$ =	*1864,50 €*
Abzüglich	*814,00 €*
=	*1050,00 €*

Hinsichtlich des Abzuges der pauschalen **berufsbedingten Aufwendungen** muss berücksichtigt werden, dass dieser nur vom Erwerbseinkommen in Höhe von 2500,00 € erfolgen kann, da den anderen Einkünften keine Aufwendungen gegenüberstehen.

Bei der Berechnung des **Erwerbstätigenbonus** ist zunächst das bereinigte Nettoeinkommen zu ermitteln. Dies bedeutet, dass der Erwerbstätigenbonus nicht bereits vom Nettoeinkommen abzuziehen ist. Bei Mischeinkünften, wie im vorliegenden Fall aus Gehalt, Zinsen, Vermietung und Verpachtung sowie Sachvorteilen, darf der Erwerbstätigenbonus nur vom Erwerbseinkommen und nicht vom Gesamteinkommen abgezogen werden. D. h. es sind vorab alle bei der Bildung des bereinigten Nettoeinkommens zu berücksichtigende Abzugsposten, die mit den Erwerbseinkünften in keinem Zusammenhang stehen vom Haupteinkommen abzuziehen.

d) Überobligatorische Tätigkeit. Geht die Ehefrau einer beruflichen Tätigkeit nach, obwohl sie wegen der Betreuung der Kleinkinder nicht arbeiten gehen müsste, werden ihre Einkünfte durch die konkreten Kinderbetreuungskosten oder durch Abzug eines **Betreuungsbonus** bei der Unterhaltsberechnung gemindert. Die Höhe des Betreuungsbonus ist im Einzelfall zu prüfen. Dabei ist das Alter und der Betreuungsaufwand der Kinder sowie das Einkommen der Ehefrau maßgebend.

Nach der Unterhaltsrechtsreform vom 1. 1. 2008 kann von einer überobligatorischen Tätigkeit nur bei Beginn einer Erwerbstätigkeit vor Vollendung des 3. Lebensjahres des Kindes ausgegangen werden.

Beispiel: Sabine und Peter M. leben seit 3 Monaten voneinander getrennt. Peter M. erzielt ein durchschnittliches monatliches Nettoeinkommen als Handelsvertreter in Höhe von 3000,00 €. Sabine erzielt ein monatliches Nettoeinkommen als Verkäuferin in einer Boutique in Höhe von 1000,00 €. Die berufliche Tätigkeit macht Sabine Spaß, so dass sie diese trotz der Betreuung der beiden Zwillinge Anna und Janina im Alter von 2 Jahren nach der Trennung ausübt. Für die Kinderbetreuung im Kindergarten gibt sie monatlich einen Betrag in Höhe von 400,00 € aus. Sabine fragt nach der Höhe ihres Unterhaltsanspruches.

Bei der Betreuung kleiner Kinder ist bei einer Berufstätigkeit eine wesentlich höhere Belastung gegeben als bei einer Berufstätigkeit ohne Kinderbetreuung, so dass die konkreten Kosten für die Kinderbetreuung vom Einkommen des Bedürftigen in Abzug gebracht werden können. Ob neben den **konkreten Betreuungskosten** noch ein **Betreuungsbonus** in Abzug gebracht werden kann, ist im Einzelfall zu entscheiden.

Der Unterhalt für Sabine berechnet sich wie folgt:

Einkommen Ehemann	3000,00 €
abzüglich 5 % für berufsbedingte Aufwendungen	150,00 €
	2850,00 €
Kindesunterhalt für Anna	256,00 €
Kindesunterhalt für Janina	256,00 €
	2338,00 €
Einkommen Ehefrau	1000,00 €
abzgl Kinderbetreuungskosten	400,00 €
	600,00 €
Anrechenbares Einkommen Ehefrau	600,00 €
verbleibendes Einkommen Ehemann	2338,00 €
abzgl. Einkommen Ehefrau	600,00 €
verbleibendes Einkommen	1738,00 €
davon $3/7$	745,00 €

7. Nachehelicher Unterhalt

Der nacheheliche Ehegattenunterhalt ist die am härtesten um-
kämpfte Scheidungsfolgesache, da häufig der soziale Abstieg droht
und häufig die Trennungsproblematik der Eheleute noch nicht
aufgearbeitet ist. Die nachwirkende Mitverantwortung wird häufig
nicht verstanden. Seit der Eherechtsreform, wobei vom Verschul-
densprinzip auf das Zerüttungsprinzip übergegangen wurde, ist der
Unterhaltsanspruch nicht mehr an das zur Scheidung führende Ver-
schulden geknüpft. Es galt vielmehr der Grundsatz der Eigenverant-
wortlichkeit. § 1569 BGB lautet:

Die Unterhaltsansprüche sollen den sozial schwächeren Ehepartner nach der Scheidung schützen und ehebedingte Nachteile zum
Beispiel durch Haushaltsführung und Kinderbetreuung ausgleichen.
In der täglichen Praxis war daher der nacheheliche Unterhalt trotz
des Grundsatzes der Eigenverantwortung nicht die Ausnahme, vielmehr die Regel.

Im Zuge der Unterhaltsreform vom 1.1.2008 ist die Eigenverantwortung stärker betont worden. Der neugefasste § 1569 BGB lautet:

Nach der Scheidung obliegt es jedem Ehegatten, selbst für seinen
Unterhalt zu sorgen. Ist er dazu außerstande, so hat er gegen den
anderen Ehegatten einen Anspruch auf Unterhalt nur nach den
folgenden Vorschriften.

Bei beiden Eheleuten bestehen **Unterhaltsobliegenheiten.** Der
Bedürftige hat alles zu tun, um Unterhaltsansprüche zu mindern,
während der Unterhaltspflichtige seine Leistungsfähigkeit zu erhalten hat.

Bei dem nachehelichen Unterhalt gelten bei der Berechnung die
gleichen Grundsätze wie beim Trennungsunterhalt. Entweder wird
der Unterhalt nach einer Quote berechnet oder ergibt sich aus dem
konkreten Bedarf.

Ein Anspruch auf nachehelichen Unterhalt besteht nur dann,
wenn ab Rechtskraft der Scheidung ohne zeitliche Lücke ein Unter-
haltstatbestand vorlag. Ist dies nicht der Fall, ist der Unterhaltsanspruch erloschen. Es muss eine so genannte **Unterhaltskette** vorliegen. Diese ergibt sich aus den Einsatzzeiten für die einzelnen
Unterhaltstatbestände, wie sie im Folgenden dargestellt werden.

a) Unterhalt wegen Betreuung eines Kindes. Ein geschiedener Ehegatte kann von dem anderen wegen der Pflege und Erziehung eines gemeinschaftlichen Kindes Unterhalt verlangen. In der Vergangenheit galt das sogenannte Altersphasen-Model. Danach bestand für die Ehefrau keine Erwerbsverpflichtung, wenn das Kind die Grundschule noch nicht abgeschlossen hatte. Ab dem 11. bis 16. Lebensjahr des Kindes war nur eine Teilzeitbeschäftigung für die Ehefrau zumutbar. Erst ab dem 16. Lebensjahr konnte man von der Ehefrau eine Vollzeitbeschäftigung erwarten. Mit der Unterhaltsreform vom 1. 1. 2008 wurde der § 1570 BGB geändert.

Dieser lautet nunmehr wie folgt:

(1) Ein geschiedener Ehegatte kann von dem anderen wegen der Pflege oder Erziehung eines gemeinschaftlichen Kindes für mindestens drei Jahre nach der Geburt Unterhalt verlangen. Die Dauer des Unterhaltsanspruches verlängert sich, solange und soweit dies der Billigkeit entspricht. Dabei sind die Belange des Kindes und die bestehenden Möglichkeiten der Kinderbetreuung zu berücksichtigen.

(2) Die Dauer des Unterhaltsanspruches verlängert sich darüber hinaus, wenn dies unter Berücksichtigung der Gestaltung von Kinderbetreuung und Erwerbstätigkeit in der Ehe sowie der Dauer der Ehe der Billigkeit entspricht.

b) Unterhaltsanspruch wegen Alters. Die hierfür relevante Bestimmung des § 1571 BGB lautet:

Ein geschiedener Ehegatte kann von dem Anderen Unterhalt verlangen, soweit von ihm im Zeitpunkt
1. der Scheidung,
2. der Beendigung der Pflege oder Erziehung eines gemeinschaftlichen Kindes oder
3. des Wegfalls der Voraussetzungen für einen Unterhaltsanspruch nach den §§ 1572 und 1573 BGB
wegen seines Alters eine Erwerbstätigkeit nicht mehr erwartet werden kann.

Bei dieser Regelung wurde auf eine Festlegung der **Altersgrenze** verzichtet. Vielmehr ist der jeweilige Einzelfall zu prüfen. In der Regel wird jedoch ein Unterhaltsanspruch bejaht, wenn die Ehefrau bereits das Rentenalter erreicht hat.

Hierbei kann es zu Abgrenzungsproblemen mit dem Unterhalts-anspruch nach § 1573 Abs. 1 BGB kommen, wonach Unterhalt ver-langt werden kann, so lange und soweit der Unterhaltsbedürftige nach der Scheidung keine angemessene Erwerbstätigkeit zu finden vermag.

c) Unterhalt wegen Krankheit oder Gebrechen. Die Bestimmung des § 1572 BGB lautet:

Ein geschiedener Ehegatte kann von dem Anderen Unterhalt verlangen, so lange und soweit von dem Zeitpunkt
1. der Scheidung,
2. der Beendigung der Pflege oder Erziehung eines gemeinschaftlichen Kin-des,
3. der Beendigung der Ausbildung, Fortbildung oder Umschulung oder,
4. des Wegfalls der Voraussetzung für einen Unterhaltsanspruch nach § 1573 BGB

an wegen Krankheit oder anderer Gebrechen oder Schwäche soweit wegen seiner körperlichen oder geistigen Kräfte eine Erwerbstätigkeit nicht erwartet werden kann.

Die Problematik dieses Tatbestandes liegt in der Praxis im **Nach-weis** der vollen oder teilweisen **Erwerbsunfähigkeit,** den der bedürftige Ehepartner zu erbringen hat. Ob eine Nichterwerbsfähig-keit besteht, wird häufig durch die Einholung eines Sachverständi-gengutachtens geklärt. Allgemeine ärztliche Atteste reichen regel-mäßig nicht zum Nachweis der Erwerbsunfähigkeit aus.

Beispiel: Die 40jährige Caroline T. hat bereits mehrere Bandscheiben-vorfälle erlitten, auf Grund derer sie längerfristig im Krankenhaus unter-gebracht war. Auf Grund der Tatsache, dass ihr Mann ein Verhältnis mit einer wesentlich jüngeren Frau aufgenommen hat, ist sie darüber hinaus psychisch erkrankt und leidet unter einer tiefen Depression. Im Rahmen der Scheidung macht Caroline Ansprüche wegen nachehelichen Unter-halt geltend. Sie legt dazu ärztliche Bescheinigungen ihrer Hausärzte vor.

Der Ehemann bestreitet die Erkrankungen und stellt sich auf den Standpunkt, dass seine Frau einer vollen Erwerbstätigkeit nachge-hen kann.

Im Rahmen des gerichtlichen Unterhaltsverfahrens wird das Fa-miliengericht die Einholung eines medizinischen Sachverständigengutachtens anordnen, um den Gesundheitszustand der Caroline T. festzustellen.

Es kommt daher entscheidend darauf an, inwieweit die erlittenen Bandscheibenvorfälle tatsächlich zur Arbeitsunfähigkeit führen.

Möglicherweise ist trotz der Erkrankungen noch eine Teilzeitbeschäftigung möglich.

Ob bei dem Vorliegen einer Depression Arbeitsunfähigkeit gegeben ist, muss ebenfalls von dem Arbeitsmediziner festgestellt werden.

d) Unterhalt bis zur Erlangung einer angemessenen Erwerbstätigkeit. Die einschlägige Norm des § 1573 Abs. 1 BGB lautet:

> Soweit ein geschiedener Ehegatte keinen Unterhaltsanspruch nach den §§ 1570 bis 1572 BGB hat, kann er gleichwohl Unterhalt verlangen, solange und soweit er nach der Scheidung keine angemessene Erwerbstätigkeit zu finden vermag.

Die Ehefrau ist **beweispflichtig,** dass keine **Arbeitsplatzchance** besteht. An diese Beweispflicht werden hohe Anforderungen gestellt, da der Grundsatz der Eigenverantwortung gilt. Es reicht nicht aus, sich nur beim Arbeitsamt arbeitslos zu melden. Der Bedürftige muss sich darüber hinaus auf Zeitungsanzeigen und sonstige Arbeitsangebote bewerben und die Bemühungen nachweisen. Einige Oberlandesgerichte verlangen bis zu 20 Bewerbungsschreiben pro Monat. Kommt die Ehefrau dieser Nachweispflicht nicht nach, so geht das Gericht davon aus, dass sie sich nicht ordnungsgemäß beworben hat und wird ein fiktives Einkommen in Ansatz bringen.

> **Beispiel:** Die 55jährige Annegret K. aus Duisburg lebt mit ihrem 60jährigen Ehemann Hubert K. in Scheidung. Annegret K. ist während der gesamten 30jährigen Ehezeit keiner beruflichen Tätigkeit nachgegangen. Sie hat sich ausschließlich um Haushalt und die Kinder gekümmert. Ihr Mann ist selbständiger Architekt und erzielt ein durchschnittliches monatliches Nettoeinkommen in Höhe von monatlich 4000,00 €. Er vertritt die Auffassung, nach der Scheidung müsse er keinen Cent Unterhalt bezahlen, da seine Ehefrau schließlich putzen gehen könne.

Der Unterhaltsanspruch der Annegret K. ist hier auf jeden Fall zu bejahen. Im Einverständnis mit dem Ehemann war sie während der gesamten Ehezeit nicht berufstätig. Obwohl Annegret über einen

Zeitraum von 8 Monaten monatlich zwischen 20 und 30 Bewerbungsschreiben als Empfangsdame, Haushälterin oder Verkäuferin abgesandt hat, ist sie im Alter von 55 Jahren auf dem Arbeitsmarkt nicht mehr vermittelbar, zumal Annegret K. über keine abgeschlossene Berufsausbildung verfügt. Allerdings sei darauf hingewiesen, dass die Situation auf dem Arbeitsmarkt die Pflicht der Erwerbsbemühungen nicht beeinflusst. Der Ehemann schuldet ihr laut Gesetz $3/7$ seines Nettoeinkommens, also 1714,29 €.

e) Aufstockungsunterhalt. § 1573 Abs. 2 BGB hat folgenden Wortlaut:

> Reichen die Einkünfte aus einer angemessenen Erwerbstätigkeit zum vollen Unterhalt (§ 1578 BGB) nicht aus, kann er, soweit er nicht bereits einen Unterhaltsanspruch nach den §§ 1570 bis 1572 BGB hat, den Unterschiedsbetrag zwischen den Einkünften und dem vollen Unterhalt verlangen.

Der Aufstockungsunterhalt gehört neben dem Betreuungsunterhalt zu den häufigsten Ansprüchen, da bei einer Doppelverdienerehe meistens unterschiedliche Einkommensverhältnisse vorliegen und sich der Unterhalt nach den ehelichen Lebensverhältnissen richtet.

Wir lange der volle Unterhalt oder der Aufstockungsunterhalt gezahlt werden muss, hängt von dem jeweiligen Einzelfall ab.

Insbesondere ist der Grundsatz der Eigenverantwortung zu berücksichtigen. Es gibt keine Lebensstandard-Garantie mehr auf einen zeitlich unbegrenzten und in der Höhe nicht abänderbaren Bedarf nach der Scheidung. Die Ehefrau hat jetzt nur einen Anspruch auf Ausgleich der ehebedingten Nachteile, die sich aufgrund der Rollenverteilung und der Kindererziehung ergeben.

f) Unterhalt wegen Ausbildung, Fortbildung oder Umschulung. Hierfür gilt § 1575 Abs. 1 BGB:

> Ein geschiedener Ehegatte, der in Erwartung der Ehe oder während der Ehe eine Schul-oder Berufsausbildung nicht aufgenommen oder abgebrochen hat, kann von dem anderen Ehegatten Unterhalt verlangen, wenn er diese oder eine entsprechende Ausbildung sobald wie möglich aufnimmt, um eine angemessene Erwerbstätigkeit, die den Unterhalt nachhaltig sichert, zu erlangen und der erfolgreiche Abschluss bei der Ausbildung zu erwarten ist. Der Anspruch besteht längstens für die Zeit, in der eine solche Ausbildung im

allgemeinen abgeschlossen wird, dabei sind ehebedingte Verzögerungen der Ausbildung zu berücksichtigen.

g) Herabsetzung und zeitliche Begrenzung des Unterhalts wegen Unbilligkeit. Im Hinblick auf die Eigenverantwortung der Eheleute sollen nach § 1578 b BGB **alle** Unterhaltstatbestände der Höhe nach oder zeitlich zu begrenzen sein.

§ 1578 b BGB lautet:

(1) Der Unterhaltsanspruch des geschiedenen Ehegatten ist auf den angemessenen Lebensbedarf herabzusetzen, wenn eine an den ehelichen Lebensverhältnissen orientierte Bemessung des Unterhaltsanspruchs auch unter Wahrung der Belange eines dem Berechtigten zur Pflege oder Erziehung anvertrauten gemeinschaftlichen Kindes unbillig wäre. Dabei ist insbesondere zu berücksichtigen, inwieweit durch die Ehe Nachteile im Hinblick auf die Möglichkeit eingetreten sind, für den eigenen Unterhalt zu sorgen. Solche Nachteile können sich vor allem aus der Dauer der Pflege oder Erziehung eines gemeinschaftlichen Kindes, aus der Gestaltung von Haushaltsführung und Erwerbstätigkeit während der Ehe sowie aus der Dauer der Ehe ergeben.

(2) Der Unterhaltsanspruch des geschiedenen Ehegatten ist zeitlich zu begrenzen, wenn ein zeitlich unbegrenzter Unterhaltsanspruch auch unter Wahrung der Belange eines dem Berechtigten zur Pflege oder Erziehung anvertrauten gemeinschaftlichen Kindes unbillig wäre. Absatz 1 Satz 2 und 3 gilt entsprechend.

(3) Herabsetzung und zeitliche Begrenzung des Unterhaltsanspruchs können miteinander verbunden werden.

h) Alters- und Krankenvorsorgeunterhalt. Neben dem Elementarunterhalt wird beim nachehelichen Unterhalt zusätzlich noch Vorsorgeunterhalt, bestehend aus Altersvorsorge- und oder Krankenvorsorgeunterhalt geschuldet.

Denn die Ehefrau wird an den Rentenanwartschaften ihres Ehemannes nur bis zum Ende des Monats, der dem Eintritt der Rechtshängigkeit des Scheidungsantrags vorausgeht, beteiligt und hat nach Rechtskraft der Scheidung, für ihre Krankenversicherung selbst aufzukommen. Allerdings muss der Ehemann nicht die vollen Beträge für die Renten- bzw. Krankenversicherung übernehmen, sondern einen so genannten **Quotenbetrag.** Die Höhe des Altersvorsorgeunterhalts richtet sich nach der Bremer Tabelle (BT, vergleiche Seite 139).

Beispiel: Die 30jährige Uschi Z. aus Köln kann nach ihrer Scheidung auf Grund der Betreuung ihrer zweijährigen Tochter Anna und des dreijährigen Sohnes Jens keiner beruflichen Tätigkeit nachgehen. Uschi Z. fragt, ob ihr geschiedener Ehemann auch Kosten für die Altersvorsorge übernehmen muss. Nach Abzug des Kindesunterhaltes verbleibt dem Ehemann ein bereinigtes Nettoeinkommen in Höhe von 3500,00 €.

Der geschiedene Ehemann schuldet in diesem Fall den Altersvorsorgeunterhalt, da Uschi Z. wegen der Betreuung ihrer beiden Kinder keiner beruflichen Tätigkeit nachgehen und somit keine eigenen Rentenanwartschaften erwerben kann. Wie bereits erläutert, muss Herr Z. aber nicht den vollen Betrag für die Altersvorsorge zahlen, sondern lediglich einen Quotenbetrag nach der Bremer Tabelle. Als Bemessungsgrundlage wird von einem $^3/_7$ Elementarunterhalt ausgegangen, zudem anschließend Lohnsteuer und Sozialabgaben (Arbeitnehmeranteil) addiert werden. Der Nettobetrag wird dabei um einen entsprechenden Prozentsatz auf einen Bruttobetrag hoch gerechnet, um davon den entsprechenden Beitragssatz zur Sozialversicherung zu ermitteln. Zur Zeit beträgt der geltende Beitragssatz in der gesetzlichen Rentenversicherung 19,9 %.

Bereinigtes Nettoeinkommen des Ehemannes	3500,00 €
Davon $^3/_7$ Elementarunterhalt	1500,00 €
(gleichzeitig Nettobemessungsgrundlage	
im Sinne der Bremer Tabelle)	
zuzüglich 33 % Steuer- und Sozialabgaben	
nach Bremer Tabelle (Stand 1.1.09)	495,00 €
Bruttobetrag	1995,00 €
Davon 19,9 % (= Regelbeitragssatz für die	
gesetzliche Rentenversicherung)	397,00 €

Der für dieses Einkommen entsprechende **Beitragssatz** zur **Sozialversicherung** entspricht dem Vorsorgeunterhalt. Er ist nun vom bereinigten Nettoeinkommen des Unterhaltspflichtigen abzuziehen, von dem Restbetrag ausgehend kann jetzt der tatsächliche $^3/_7$ Unterhalt ermittelt werden:

Bereinigtes Nettoeinkommen des Ehemannes	3500,00 €
Abzüglich Vorsorgeunterhalt	397,00 €
Verbleiben	3103,00 €
davon $^3/_7$ Unterhalt	1330,00 €

Insgesamt hat also der Ehemann einen Elementarunterhalt in Höhe von 1330,00 € den Vorsorgeunterhalt in Höhe von 397,00 € also 1727,00 € an seine geschiedene Ehefrau Uschi Z. zahlen.

Achtung: Der Altersvorsorgeunterhalt wird auch für die Zeit des Getrenntlebens geschuldet, wenn ein Scheidungsverfahren rechtshängig ist, d. h. wenn der Scheidungsantrag dem anderen Ehepartner zugestellt wurde. Dies hat seinen Grund darin, dass der Versorgungsausgleich nach § 1587 Abs. 2 BGB nur die Zeit bis zur Rechtshängigkeit des Scheidungsverfahrens erfasst und der nacheheliche Unterhalt nach § 1587 Abs. 3 BGB erst den Zeitraum ab Rechtskraft der Scheidung abdeckt. Daher gehören die Kosten einer angemessenen Versicherung für das Alter zum Lebensbedarf (vgl. §§ 1361 Abs. 1 Satz 2, 1578 Abs. 3 BGB).

Ab Rechtskraft der Scheidung ist die Ehefrau nicht mehr in der gesetzlichen Krankenkasse des Ehemannes mitversichert. Deshalb muss die Ehefrau, die keiner versicherungspflichtigen Tätigkeit nachgeht, darüber hinaus selber für ihre Krankenversicherung aufkommen. Sie kann entweder eine **gesetzliche** oder eine **private Krankenversicherung** abschließen und muss die entsprechenden Beiträge selbst entrichten. Da diese Beiträge nicht von dem laufenden Regelunterhalt aufgebracht werden können, schuldet der Ehemann auch diese Aufwendungen für den Vorsorgeunterhalt, allerdings nicht in Höhe des tatsächlich zu leistenden Beitrags, sondern wiederum lediglich einen Prozentsatz vom ursprünglichen Gesamtunterhalt. Anders als bei dem Altersvorsorgeunterhalt wird hier der Elementarunterhalt nicht auf einen Bruttobetrag hoch gerechnet. Derzeit liegt der Beitragssatz der jeweiligen Krankenkasse bei ca. 14,6 %. Bei einem Gesamtunterhalt in Höhe von 1727,00 € ergibt sich ein Krankenvorsorgeunterhalt in Höhe von ca. 252,00 €. Für die Bestimmung des Altersvorsorgeunterhaltes ist nunmehr das Einkommen erneut um den Krankenvorsorgeunterhalt zu bereinigen. Die Bestimmung des Gesamtunterhaltes, bestehend aus Kranken-, Alters- und Elementarunterhaltes stellt sich wie folgt dar:

bereinigtes Einkommen	3500,00 €
abzgl. Krankenvorsorgeunterhalt	252,00 €
	3248,00 €
davon $3/7$	1392,00 €

i) Pflegevorsorgeunterhalt. Seit dem 1. 1. 1995 gilt mit Inkrafttreten des Pflegeversicherungsgesetzes dieselbe Regelung für den so genannten Pflegevorsorgeunterhalt.

Aus § 20 Abs. 3 SGB XI ergibt sich, dass derjenige, der in der gesetzlichen Krankenversicherung freiwillig versichert ist, zugleich in der Pflegeversicherung pflichtversichert ist. Ist der Unterhaltsberechtigte privat krankenversichert, muss zusätzlich eine Pflegeversicherung abgeschlossen werden (vgl. § 23 SGB XI). Die Beiträge zur Pflegeversicherung gehören ebenso wie die Krankenvorsorge zum allgemeinen Lebensbedarf und sind von dem Unterhaltspflichtigen zu übernehmen.

Auf Einzelheiten des Vorsorgeunterhalts kann wegen der Komplexität nicht eingegangen werden. Insbesondere in dem Fall, dass insgesamt Altersvorsorge-, Krankheitsvorsorge- und Pflegevorsorgeunterhalt geltend gemacht werden, sind Unterschiede in der Berechnung möglich.

Bisher konnten Vereinbarungen über den nachehelichen Unterhalt formfrei getroffen werden. Im Zuge der Unterhaltsreform vom 1. 1. 2008 wird als Wirksamkeitserfordernis für die Vereinbarung des nachehelichen Unterhaltes eine notarielle oder gerichtliche Beurkundung verlangt. Diese neue Regelung ist mit aufgenommen worden, um die Eheleute vor übereilten Erklärungen zu bewahren und ihnen die rechtliche Tragweite zu verdeutlichen. Dieser Formzwang gilt nur für die Unterhaltsvereinbarung, die vor der Rechtskraft der Scheidung getroffen werden, § 1585 c Satz 2 BGB.

j) Ausschluss des nachehelichen Unterhaltes. Der nacheheliche Unterhalt ist gem. § 1579 BGB zu kürzen, zeitlich zu begrenzen oder ganz auszuschließen, wenn eine „grobe Unbilligkeit" vorliegt. Das Gesetz zählt hier konkret eine Anzahl bestimmter Fälle auf:

- Die Ehe war von kurzer Dauer (bis max. 3 Jahre).
- Der Berechtigte lebt in einer verfestigten Lebensgemeinschaft.

- Der Berechtigte hat sich eines Verbrechens, z. B. eines Mordan-schlages, oder eines schweren vorsätzlichen Vergehens gegen den Verpflichteten oder gegenüber einem nahen Angehörigen des Ver-pflichteten schuldig gemacht. In Frage kommen auch schwere Be-leidigungen und Verleumdungen sowie falsche Anschuldigungen.
- Der Berechtigte hat seine Bedürftigkeit mutwillig herbeigeführt. Hierzu zählen insbesondere Fälle, in denen der Unterhaltsberech-tigte ohne Grund einen sicheren Arbeitsplatz aufgibt, eine Kün-digung provoziert oder mutwillig eine ihm angebotene Tätigkeit nicht annimmt. Sonderfälle sind Alkohol und Drogenabhängig-keit. Hier ist mitentscheidend, ob der Berechtigte bereit ist, Maß-nahmen zu ergreifen, die ihn von seiner Sucht befreien.
- Der Berechtigte hat sich über schwerwiegende Vermögensinteres-sen des Verpflichteten mutwillig hinweg gesetzt. Hier ist insbe-sondere der Umfang der Vermögensgefährdung von Bedeutung, während die Frage, ob ein Vermögensschaden eintritt, unerheb-lich ist. Häufige Fälle sind Betrug im Unterhaltsprozess, unge-rechtfertigte Strafanzeigen und Maßnahmen, die den Arbeitsplatz des Verpflichteten in Gefahr bringen können.
- Der Berechtigte hat vor der Trennung längere Zeit hindurch seine Pflicht zum Familienunterhalt beizutragen, gröblich verletzt. Ein solcher Fall liegt beispielsweise vor, wenn der Berechtigte trotz er-heblicher eigener Einkünfte diese der Familie vorenthalten hat.
- Dem Berechtigten fällt ein offensichtlich schwerwiegendes, ein-deutig bei ihm liegendes Fehlverhalten, gegenüber dem Ver-pflichteten zur Last.

Diese Aufzählung ist keineswegs vollständig, vielmehr reicht auch jeder **andere** Grund, der ebenso schwer wiegt, wie die sieben auf-geführten (vgl. Ziffer 8 des § 1579 BGB).

Beispiel: Die 36-jährige kinderlose Marion B. aus Krefeld ist seit drei Jahren von ihrem Ehemann Peter B. geschieden. Er hat ab Rechtskraft der Scheidung regelmäßig einen nachehelichen Unterhalt in Höhe von monatlich 1 000,00 € gezahlt. Jetzt zieht die Ehefrau zu ihrem langjähri-gen Freund, dem wohlhabenden Arzt Dr. K. Marion meint, dass ihr Ehe-mann auch weiterhin den nachehelichen Unterhalt schuldet.

Der Unterhaltsanspruch der Marion B. ist entfallen, da sich Ma-rion B. auf Dauer einem neuen Partner zugewandt hat und mit diesem auch in eheähnlicher Gemeinschaft lebt. Hierbei reicht es allerdings nicht aus, wenn der neue Partner gelegentlich bei dem Unterhaltsberechtigten übernachtet und mit ihm seine Freizeit verbringt. Angeknüpft wird vielmehr an die Voraussetzungen, die für eine eheliche Lebensgemeinschaft maßgebend sind. Hierzu zählen neben einer sexuellen Beziehung auch die wechselseitigen Versorgungsleistungen wie Kochen, Putzen, Waschen, Bügeln, etc. Ob eine **eheähnliche Lebensgemeinschaft** vorliegt, ist häufig Gegenstand prozessualer Auseinandersetzungen geschiedener Eheleute. Geschiedene Ehemänner stehen häufig auf dem Standpunkt, ihre frühere Ehefrau führe eine eheähnliche Lebensgemeinschaft, kaum wird ihnen bekannt, dass sie einen Freund hat. Dies reicht natürlich bei weitem nicht aus. Andererseits kann eine eheähnliche Partnerschaft nicht nur deshalb geleugnet werden, weil der Freund noch eine weitere Wohnung unterhält, im übrigen aber alle genannten Voraussetzungen vorliegen. Es kommt insbesondere auf das Erscheinungsbild in der Öffentlichkeit an.

Selbst wenn die Voraussetzungen der Ziffer 1 bis 8 des § 1579 BGB vorliegen, kommt ein Ausschluss des Unterhaltsanspruches dann nicht in Betracht, wenn der Unterhaltsberechtigte ein **minderjähriges** gemeinsames **Kind** zu versorgen hat. Denn die Belange des Kindes sind vorrangig zu beachten und dürfen nicht durch Verweigerung des nachehelichen Unterhaltes beeinträchtigt werden. Unterhaltskürzungen sind jedoch möglich.

8. Steuerrechtliche Konsequenzen

Lebt ein Ehepaar dauernd getrennt, müssen die Steuerklassen geändert werden. Eine Verpflichtung hierzu besteht allerdings erst ab dem Jahr, welches auf die Trennung folgt.

Haben die Parteien sich zum Beispiel zum 2. 1. 2009 getrennt, ist der Steuerklassenwechsel zum 1. 1. 2010 vorzunehmen.

Das Einkommensteuergesetz sieht 6 Steuerklassen vor:

- In die Steuerklasse 1 sind die Frauen einzuordnen, die ledig sind, dauernd getrennt lebend oder geschieden sind.
- Frauen erhalten die Steuerklasse 2, wenn ihnen der Haushaltsfreibetrag zusteht, weil in ihrer Wohnung im Inland mindestens ein

Kind gemeldet ist, das einen Kinderfreibetrag oder Kindergeld erhält. Ist auch der andere Ehepartner unbeschränkt einkommensteuerpflichtig, so erhält der Ehegatte den Haushaltsfreibetrag nur, wenn das Kind ihm zuzuordnen ist. Es darf keine zweite erwachsene Person in der Wohnung des Ehegatten gemeldet sein.

- In die Steuerklasse 3 können sich verheiratete Frauen, die mit ihrem Ehemann zusammenleben einstufen lassen. Möglicherweise wählt der Ehepartner die Steuerklasse 3, der erheblich mehr verdient, da so Steuern gespart werden können.
- Steuerklasse 4 wird gewählt, wenn zwei Eheleute einen gemeinsamen Haushalt führen und in etwa die gleichen Einkünfte erzielen.
- Steuerklasse 5 kommt für denjenigen in Frage, dessen Ehepartner mit dem er zusammenlebt in Steuerklasse 3 eingestuft ist.
- Steuerklasse 6 schließlich ist für den Ehepartner obligatorisch, der mehrere Arbeitsverhältnisse unterhält. Da dies in wenigsten Fällen Frauen sind, kommt somit für sie nach der Trennung entweder die Steuerklasse 1 oder 2 in Frage, je nach dem, bei wem die Kinder gemeldet sind.

Entscheidend ist dabei der **Beginn** des **Kalenderjahres**. Wechseln die Kinder im Laufe eines Jahres ihren Aufenthaltsort, so behält derjenige Elternteil die günstigere Steuerklasse 2, bei dem die Kinder zu Beginn des Jahres gelebt haben und gemeldet waren.

a) Kinderförderung durch Steuerfreibeträge. Wie bisher gibt es den jährlich allgemeinen **Kinderfreibetrag**, der auf 3864,00 € angehoben worden ist. Hinzu kommt ein neuer Freibetrag für Betreuung und Erziehung oder Ausbildung in Höhe von 2160,00 € pro Kind. Bis zum Ende der Ausbildung (24. Lebensjahr), in dem der bisherige **Kinderbetreuungsfreibetrag** vollständig aufgeht. Der Steuerfreibetrag pro Kind beträgt daher insgesamt 6024,00 €. Darüber hinaus können zusätzlich sogenannte erwerbsbedingte Kinderbetreuungskosten für Kinder unter 14 Jahren durch berufstätige Eltern geltend gemacht werden. Die entstandenen Kosten für die Kinderbetreuung (z. B. die Kosten einer Tagesmutter oder einer Kindertagesstätte) müssen nachgewiesen werden und können höchstens zu ⅔ der Aufwendungen, maximal bis zu 4.000,00 €, angerechnet werden.

Für Alleinerziehende gelten jeweils die Steuerfreibeträge zur Hälfte.

b) Gemeinsame oder getrennte Veranlagungen – Ehegattensplitting. Das Einkommensteuerrecht sieht zum einen die gemeinsame, zum anderen die getrennte Veranlagung vor. Bei der gemeinsamen Veranlagung werden beide Einkommen der Eheleute zusammengerechnet und nach der **Splitting-Tabelle** versteuert. Bei getrennter Veranlagung wird das zu versteuernde Einkommen für jeden Ehepartner getrennt ermittelt, wobei die Versteuerung nach der Einkommensteuer-Grundtabelle erfolgt. Von Ausnahmen abgesehen, ist die gemeinsame Veranlagung die günstigere. Bei dem folgenden Beispiel wurde der Solidaritätszuschlag nicht berücksichtigt:

> **Beispiel:** Adelheid U. aus Ennepetal erzielt ein zu versteuerndes Jahreseinkommen in Höhe von 10 000,00 € und ihr Ehemann in Höhe von 40 000,00 €. Ausgehend von dem Einkommensteuertarif für das Jahr 2009 ergibt sich für Adelheid U. bei getrennter Veranlagung nach der Grundtabelle ein Steuerbetrag in Höhe von 398,00 € und bei ihrem Ehemann in Höhe von 9223,00 €. Bei Zusammenveranlagung haben die Eheleute für das gemeinsame Einkommen in Höhe von 50 000,00 € ein Einkommensteuerbetrag in Höhe von 8542,00 € zu zahlen.

Die Eheleute können für das Jahr, indem sie die Trennung vollzogen haben, noch die gemeinsame Veranlagung wählen.

Grundsätzlich sind die Eheleute sogar verpflichtet die **günstigste Veranlagungsform** zu wählen, wenn weder für den Einen noch für den Anderen steuerliche Nachteile entstehen. Wählt ein Ehepartner eigenmächtig ohne Absprache mit dem Anderen die ungünstigere Veranlagung, so stehen dem Ehepartner unter Umständen Schadensersatzansprüche zu.

c) Begrenztes Realsplitting. Auch bei getrennter Veranlagung sieht das Einkommensteuergesetz eine Steuervergünstigung vor, dass so genannte begrenzte Realsplitting. Werden die Eheleute getrennt veranlagt, und leben sie dauernd getrennt oder sind geschieden, so kann der Ehemann die **Unterhaltszahlungen,** die er an die Ehefrau leistet, bis zu einem Höchstbetrag in Höhe von z. Zt. 13 805,00 € im Jahr als **Sonderausgaben** absetzen. Entweder erhält der Ehemann am Jahresende eine erhebliche Steuererstattung, oder er lässt sich den Sonderausgabenbetrag als Freibetrag auf der Lohnsteuerkarte eintragen mit der Folge, dass er über ein höheres monatliches Nettoeinkommen verfügt. Voraussetzung für dieses begrenzte Realsplitting ist jedoch, dass die Ehefrau ihre **Zustimmung** erteilt. Dies geschieht durch Unterzeichnung der Anlage U, die der Ehemann zusammen mit der Einkommensteuererklärung beim Finanzamt einreicht. Die Ehefrau muss in der Regel die Anlage U unterzeichnen, wenn sich ihr getrennt lebender oder geschiedener Ehemann im Gegenzug verpflichtet, alle sich aus der Unterzeichnung der Anlage U möglicherweise ergebenden steuerlichen Nachteile zu übernehmen. Solche Nachteile können gegebenenfalls dadurch entstehen, dass die Ehefrau den ihr gezahlten Unterhalt zusammen mit ihrem eigenen Einkommen versteuern muss. Weitere Konsequenzen können die Kürzung des Wohngeldes, der Wohnungsbauprämie oder Ähnliches sein.

All diese steuerlichen oder sonstigen **Belastungen,** die allein auf Grund des begrenzten Realsplittings anfallen, sind von dem Ehemann zu übernehmen. Trotz der Übernahmeverpflichtung ist dieses Verfahren für den getrennt lebenden oder geschiedenen Ehemann häufig steuerlich günstiger.

Eine weitere Möglichkeit der Steuervergünstigung besteht darin, die **Scheidungskosten** als **außergewöhnliche Belastungen** bei der Steuererklärung geltend zu machen. Darunter fallen alle Gerichts- und Anwaltskosten im Zusammenhang mit der Scheidung.

Achtung: Unterschreibt die Ehefrau die Anlage U zur Einkommensteuererklärung ihres Ehemannes, damit dieser seine Unterhaltszahlungen steuerlich absetzen kann, so ist der Ehemann verpflichtet, die steuerliche Mehrbelastung der Ehefrau zu übernehmen. Um jedoch Streitigkeiten zu vermeiden, ist jeder Ehefrau dringend anzuraten, vor Unterzeichnung der Anlage U eine schriftliche Bestätigung des Ehemannes über die Verpflichtung zur Zahlung der anfallenden Steuern zu verlangen. Gleichzeitig sollte der Ehemann schriftlich erklären, dass der Ehefrau ein bestimmter Anteil der Steuerersparnis zusteht. Wird der Sonderausgabenfreibetrag auf der Lohnsteuerkarte des Ehemannes eingetragen, hat die Ehefrau insoweit an der Steuerersparnis Anteil, als sich bei der Unterhaltsberechnung automatisch ein höheres anrechenbares Nettoeinkommen ergibt.

---

9. Staatliche Unterstützung bei Getrenntleben bzw. nachehelichem Unterhalt

Kann der Trennungs- oder nacheheliche Unterhalt nicht oder nur teilweise bei dem Ehemann durchgesetzt werden, übernimmt der Staat die notwendigen Kosten für den Lebensunterhalt in Form von Arbeitslosengeld II. Die staatliche Unterstützung besteht aus einem Regelsatz und den tatsächlichen angemessenen Mietkosten einschließlich der tatsächlichen angemessenen Aufwendungen für Heizkosten.

Es ergeht ein einheitlicher Leistungsbescheid, den die Arbeitsgemeinschaft, die in der Regel von der Agentur für Arbeit und kommunalen Trägern gebildet werden soll, erlässt. Damit bekommen erwerbsfähige Hilfsbedürftige und ihre Angehörigen eine einheitliche, bedarfsdeckende Leistung. Die Hilfe zum Lebensunterhalt beträgt für einen alleinstehenden monatlich 345,00 €. Für Haushaltsangehörige bis zur Vollendung des 14. Lebensjahres werden zusätzlich 207,00 € bzw. ab der Vollendung des 14. Lebensjahres 276,00 € als Regelleistung gewährt.

Diese Regelleistung zur Sicherung des Lebensunterhalts umfasst neben dem Bedarf an Ernährung, Körperpflege, Hausrat und den Bedürfnissen des täglichen Lebens auch Beziehungen zur Umwelt und Teilnahme am kulturellen Leben. Die Regelleistung deckt laufende und einmalige Bedarfe pauschaliert ab. Mit der Einführung des SGB II sind zusätzliche Aufwendungen beispielsweise Sommer- und Winterkleidung oder Wohnungsausstattung nicht mehr zusätzlich gedeckt. Allerdings wird der Hilfsbedürftige in der gesetzlichen Krankenversicherung und in der sozialen Pflegeversicherung pflichtversichert, soweit für sie nicht im Rahmen der Familienversicherung Versicherungsschutz besteht.

IV. Hausrat

Spätestens bei der Ehescheidung müssen sich die Partner über die Aufteilung des Hausrates einigen. Unter dem **Begriff** Hausrat fallen alle Gegenstände, die von den Parteien während des Zusammenlebens genutzt wurden. Dazu gehören die gesamte Wohnungseinrichtung, insbesondere Möbel, Lampen, Teppiche, Dekorationsartikel, Bettwäsche, Handtücher, Porzellan, Essbestecke, diverse Haushaltsgeräte wie Waschmaschine, Wäschetrockner, Staubsauger etc.

Die Frage, ob der **Pkw** als Hausrat anzusehen ist, richtet sich nach dem Benutzungsverhältnis. Wird der Pkw ausschließlich von einem Ehepartner genutzt und ist auch auf diesen zugelassen, so dürfte der Pkw nicht dem Hausrat sondern vielmehr dem Zugewinn zuzuordnen sein. Wird der Pkw jedoch von beiden Eheleuten genutzt, insbesondere auch von der Ehefrau für Fahrten zum Arbeitsplatz und für Einkaufsfahrten, so ist der Pkw als Hausrat anzusehen. Unter Umständen gehören auch **Kunstgegenstände** und **Antiquitäten** zum Hausrat, wenn es den wirtschaftlichen Verhältnissen der Eheleute entspricht und diese Gegenstände von der Familie tatsächlich genutzt und nicht nur zur Kapitalanlage erworben wurden. Nicht zum Hausrat gehören dagegen die persönlichen Dinge wie Geschenke und Schmuck, des weiteren die persönlichen Gegenstände, die der Ehepartner bereits vor Eheschließung besass, sowie die ausschließlich beruflich genutzten Gegenstände, wie zum Beispiel ein Computer.

Der Hausrat ist nach so genanntem **billigem Ermessen** aufzuteilen, wobei auf die Bedürfnisse der Parteien Rücksicht genommen werden soll. Es sollte z. B. Einigkeit darüber erzielt werden, dass die Ehefrau, die zwei minderjährige Kinder zu versorgen hat, Waschmaschine, Spülmaschine und Trockner erhält, weil sie diese Gegenstände nötiger braucht als der alleinlebende Ehemann. Selbstverständlich ist auch der umgekehrte Fall denkbar. Was die Möbel anbelangt, so sollte auch hier eine vernünftige Aufteilung erfolgen. Es macht wenig Sinn, wenn eine Aufteilung des Hausrates in der Weise erfolgt, dass die Eheleute danach jeweils über eine halbe Küche, ein halbes Wohnzimmer und ein halbes Schlafzimmer verfügen. Vielmehr ist es zweckmäßig, komplette Einheiten zu übertragen, um eine sinnvolle Nutzung zu gewährleisten.

Ergeben sich bei der Verteilung erhebliche **Wertunterschiede,** so können diese finanziell ausgeglichen werden. Ein Anspruch besteht hingegen nicht, da der Grundsatz – Aufteilung nach billigem Ermessen – gesetzlich normiert ist. Wenn eben möglich, sollten die Eheleute die Aufteilung des Hausrates ohne Einschaltung von Anwälten und Gerichten regeln, da ansonsten das Scheidungsverfahren verteuert und häufiger verzögert wird. Grundlage für die Verteilung der Haushaltsgegenstände anlässlich der Ehescheidung ist § 1568 b BGB. Danach hat der Richter nach billigem Ermessen unter Beachtung des Wohles der Kinder die Rechtsverhältnisse der Parteien im Hinblick auf den Hausrat zu regeln. Es ist auch möglich, die Hausratsteilung im Rahmen einer Trennungs- und Ehescheidungsfolgenvereinbarung vorzunehmen.

> **Beispiel:** Elvira B. aus Bottrop hat zusammen mit ihren beiden minderjährigen Kindern die eheliche Wohnung verlassen, nachdem ihr Ehemann sie mehrfach misshandelt hatte. Bis zur Ehescheidung lebt sie mit den Kindern in einem Frauenhaus. Ausser ihren persönlichen Gegenständen und Kleidungsstücken hat sie aus der ehelichen Wohnung nichts mitgenommen. Im Rahmen der Ehescheidung möchte sie erreichen, dass der Hausrat ordnungsgemäß aufgeteilt wird, weil sie demnächst eine eigene Wohnung beziehen kann. Der Ehemann vertritt die Auffassung, dass ihm der ganze Hausrat gehöre, da er ihn schließlich bezahlt habe.

Da eine private Einigung zwischen den Eheleuten hier nicht möglich ist, muss Elvira B. das **Hausratsverteilungsverfahren** nach § 1568 b BGB, §§ 200 ff. FamFG bei Gericht zusammen mit der Scheidung einleiten. Für dieses Verfahren ist es erforderlich, dass Elvira B. eine Liste der gesamten Hausratsgegenstände, sowie derjenigen, die sie für sich beansprucht, bei Gericht einreicht. Dieser Liste sollte eine exakte Beschreibung, gegebenenfalls die Typenbezeichnung, den Anschaffungspreis und der Zeitwert der Gegenstände entnommen werden können. Dies ist deshalb notwendig, damit der Gerichtsvollzieher bei einer später möglicherweise erforderlichen Zwangsvollstreckung die Gegenstände auch identifizieren kann.

Entsprechend den oben im Einzelnen dargestellten Grundsätzen wird das Gericht zunächst das komplette Kinderzimmer und aller Voraussicht nach auch die Küche mit allen Küchengeräten Elvira B. übertragen. Die Einrichtungsgegenstände der übrigen Räume wird es auf möglichst sinnvoller Weise verteilen, und nicht etwa nur halbieren. Auf die Tatsache, dass der Ehemann die Hausratsgegenstände bezahlt hat, kommt es nicht an. In den wenigsten Fällen ist die Verteilung des Hausrates erst bei der Ehescheidung vorzunehmen, weil die räumliche Trennung der Eheleute meistens schon viel früher erfolgt und der ausziehende Ehepartner einen Teil der Hausratsgegenstände mitnehmen möchte.

Nach § 1361 a Abs. 1 BGB kann jeder Ehegatte die Gegenstände, die ihm gehören, von dem anderen Ehegatten herausverlangen. Unter Umständen besteht jedoch ein Anspruch des anderen Ehepartners, wenn der Gegenstand zur Führung des Haushalts benötigt wird, wobei insbesondere Kindesbelange eine Rolle spielen. Insoweit gilt das bereits oben gesagte. Wenn die Parteien sich nicht einigen können, entscheidet auch hier das Gericht. Dabei werden die Benutzungsverhältnisse für die Dauer des Getrenntlebens nach § 1361 a BGB geregelt und erst mit der Scheidung wird eine endgültige Entscheidung über die Eigentumsverhältnisse getroffen. Es bleibt den Parteien unbenommen, anlässlich der Trennung eine außergerichtliche endgültige Regelung der Eigentumsverhältnisse herbeizuführen.

V. Ehewohnung

Selbstverständlich steht beiden Eheleuten die Ehewohnung gemeinschaftlich zur Verfügung. Erst dann, wenn ein Zusammenleben unerträglich geworden ist, kann derjenige Ehepartner aus der Wohnung gewiesen werden, der sich störend verhält.

Zieht die Ehefrau aus der Wohnung aus, so sollte sie dafür Sorge tragen, dass sie aus dem gemeinsamen **Mietvertrag** entlassen wird, um nicht möglicherweise weiterhin zur Mietzahlung herangezogen werden zu können. Sollte der Vermieter mit einer Umschreibung des Mietvertrages auf den Ehemann allein nicht einverstanden sein, so kann eine gerichtliche Klärung herbeigeführt werden. Es besteht auch die Möglichkeit, dass der Ehemann die Ehefrau im Innenverhältnis im Hinblick auf die möglichen Mietzahlungen und sonstigen Verpflichtungen aus dem Mietvertrag freistellt. Nimmt der Vermieter die Ehefrau aus dem Mietvertrag in Anspruch, kann diese im Fall der Zahlung die entsprechenden Beträge von ihrem Ehemann zurückverlangen.

Wenn sich Eheleute trennen und keine Einigung über die Benutzung der Ehewohnung finden, kann beim **Familiengericht** ein Antrag auf **vorläufige Zuweisung** gestellt werden (vergl. § 1361 b

Abs. 1 BGB). Dies gilt unabhängig davon, ob ein Scheidungsverfahren eingeleitet worden ist. In der Praxis wird von dieser Regelung häufig Gebrauch gemacht, um überhaupt ein Getrenntleben zu ermöglichen, da viele Ehemänner den Wunsch der Ehefrau, getrennt zu leben, nicht respektieren.

Eine Zuweisung der Ehewohnung an einen Ehepartner allein sollte jedoch erst dann in Betracht kommen, wenn eine **Aufteilung** der Wohnung **nicht möglich** ist bzw. wenn der andere Ehepartner sich nicht an die Aufteilung hält. Erfahrungsgemäß ist das Getrenntleben innerhalb der ehelichen Wohnung für alle Beteiligten ausgesprochen problematisch. Auch gewalttätige Auseinandersetzungen sind keine Seltenheit. Ist erst mal einmal dieses Stadium erreicht, ist ein Zusammenleben innerhalb der ehelichen Wohnung, auch unter Berücksichtigung der Benutzung getrennter Räume nicht zumutbar. Das Gericht wird – wenn die entsprechenden Voraussetzungen vorliegen – den störenden Ehepartner aus der Wohnung verweisen und dem Anderen die Wohnung zur alleinigen Nutzung zuweisen. Hierzu muss der Ehepartner, der die Wohnung für sich beansprucht, dem Gericht die entsprechenden Vorfälle vortragen und auch beweisen. In erster Linie sind solche Fälle gemeint, indem der Ehemann die Ehefrau körperlich brutal misshandelt. Das heißt, es müssen nachweislich schwerwiegende Gründe vorliegen. Rein verbale Auseinandersetzungen sind in der Regel für eine Wohnungszuweisung nicht ausreichend.

> **Beispiel:** Die 28jährige Heike M. aus Köln lebt zusammen mit ihrer 6jährigen Tochter Vannessa und ihrem Ehemann in einer kleinen 3-Zimmer-Wohnung. Auf Grund massiver Alkoholprobleme des Ehemannes kommt es immer wieder zu Gewalttätigkeiten. Zuletzt hat der Ehemann, die Ehefrau so geschlagen, dass sie einen Nasenbeinbruch erlitt. Die Ehefrau ist zunächst in ein Frauenhaus geflüchtet. Jetzt fragt sie nach, ob sie das Recht hat, ihren Ehemann aus der Wohnung zu weisen.

Im vorliegenden Fall darf die beschriebene körperliche Misshandlung nicht einfach hingenommen werden, vor allem, da es sich vermutlich nicht um einen einmaligen Ausrutscher handelt. Vielmehr besteht die Gefahr, dass der Ehemann im betrunkenen Zustand immer wieder gewalttätig wird. Zieht der Ehemann nach der Aufforderung nicht freiwillig aus der ehelichen Wohnung aus, so kann Heike M. einen Antrag an das zuständige Familiengericht auf Ehewohnungszuweisung stellen. Wenn sie dem Familienrichter glaubhaft die Situation schildert und ihre Verletzung auch anhand von ärztlichen Unterlagen nachweisen kann, wird der Richter ihr die Ehewohnung zu alleinigen Nutzung zuweisen und dem Ehemann eine Frist zur Räumung setzen. Sollte der Ehemann danach die Ehewohnung immer noch nicht verlassen, muss die Ehefrau die **Zwangsvollstreckung** betreiben. Unter Zuhilfenahme der Polizei und des Gerichtsvollziehers wird der Ehemann dann zwangsweise aus der Wohnung gewiesen. Darüber hinaus besteht die Möglichkeit, dem Ehemann das Betreten der Wohnung durch das Gericht untersagen zu lassen.

Haben die Parteien während des Scheidungsverfahrens noch nicht geklärt, wer die Ehewohnung in Zukunft bewohnen wird, kann der Richter die künftigen Rechtsverhältnisse an der Wohnung anordnen (vgl. § 1568 a BGB). Der Richter kann sogar einem Ehepartner die Wohnung zuweisen, obwohl sie im Eigentum des anderen Ehepartners steht, allerdings nur dann, wenn es darum geht, eine unbillige Härte zu vermeiden. Der Richter ist jedenfalls nicht befugt, Eigentum zu übertragen. Das bedeutet, falls der Nichteigentümer die im Alleineigentum des anderen Ehepartners stehende Wohnung alleine nutzen darf, muss eine **zeitliche Begrenzung** angeordnet werden.

Um die Bekämpfung der häuslichen Gewalt zu verbessern, hat der Gesetzgeber mit In-Kraft-Treten des **Gewaltschutzgesetzes** zum 1. 1. 2002 zentrale rechtliche Vorschriften zur Bekämpfung von Gewalt im allgemeinen und häuslicher Gewalt im Besonderen geschaffen. Zivilrechtliche Schutzmaßnahmen wie Kontakt- und Näherungsverbote zum einen (§ 1 Gewaltschutzgesetz) und ein Wohnungsüberlassungsanspruch der verletzten Person gegen den Täter bei gemeinsamen dauerhaften Haushalt (§ 2 Gewaltschutzgesetz) sind jetzt gesetzlich normiert.

So ist nunmehr der Grundsatz geschaffen „Wer schlägt, muss gehen – das Opfer bleibt in der Wohnung". Das Gesetz bietet damit Hilfe für die überwiegend weiblichen Opfer, denen nicht länger zugemutet werden kann, selbst für ihren Schutz zu sorgen und dabei auch den Verlust der vertrauten Wohnung und Umgebung in Kauf nehmen zu müssen.

Zudem wird den gerichtlichen Anordnungen durch die Strafandrohung des § 4 Gewaltsschutzgesetz besonderer Nachdruck verliehen. Im Einzelnen bedeutet dies, dass mit dem Antrag auf **Kontaktsperre** bzw. **Wohnungsüberlassungsanspruch** dem Täter bei einem Zuwiderhandeln Geldstrafe oder Freiheitsstrafe bis zu einem Jahr drohen.

Da die Opfer in der akuten Krisensituation allein durch das Gewaltsschutzgesetz nicht umfassend geschützt sind, haben inzwischen einzelne Bundesländer die **Interventionsmöglichkeiten** der Polizei erweitert und die polizeilichen Eingriffsgrundlagen bei häuslicher Gewalt gesetzlich normiert. Etwa kann die **Polizei** in Nordrhein-Westfalen zum Beispiel eine Person aus ihrer Wohnung und dem unmittelbar angrenzenden Bereich verweisen, wenn dies erforderlich ist, um eine dringende Gefahr für Leib, Leben oder Freiheit von Bewohnerinnen und Bewohnern derselben Wohnung abzuwehren. Unter den gleichen Voraussetzungen kann ein Betretungsverbot angeordnet werden. Dieses endet 10 Tage nach seiner Anordnung. In dieser Zeit besteht die Möglichkeit, einen entsprechenden zivilrechtlichen Antrag auf Erlass einer einstweiligen Anordnung auf Überlassung der gemeinsam genutzten Wohnung zur alleinigen Nutzung zu stellen. Ist ein Antrag gestellt, kann der Ehemann bis zu 20 Tagen durch die Polizei aus der ehelichen Wohnung entfernt werden.

Wegen der Eilbedürftigkeit entscheiden die meisten Gerichte **ohne mündliche Verhandlung,** wenn der Antragsteller glaubhaft macht, die erforderlichen Maßnahmen im Sinne des Gewaltsschutzgesetzes seien erforderlich, um weitere Verletzungen abzuwenden. Dies erfolgt durch Abgabe einer schriftlichen eidesstattlichen Versicherung.

VI. Güterstände

1. Zugewinngemeinschaft

Durch das Gleichberechtigungsgesetz vom 18. 6. 1957 wurde die Zugewinngemeinschaft zum gesetzlichen Güterstand bestimmt.

Gemäß § 1363 Abs. 1 BGB leben die Eheleute im Güterstand der Zugewinngemeinschaft, wenn sie nicht durch einen Ehevertrag etwas anderes vereinbaren.

Durch diese gesetzliche Regelung soll erreicht werden, dass jeder Ehegatte an dem gemeinsam Erarbeiteten, sei es durch Berufstätigkeit oder Haushaltsführung in gleichem Umfang beteiligt wird. Es soll dem Grundsatz der Gleichberechtigung von Mann und Frau auf dem Gebiet des Vermögensrechts innerhalb der Ehe entsprochen werden.

Zum 1. 9. 2009 ist das Gesetz zur Änderung des Zugewinnausgleichs und Regelung der Rechtsverhältnisse an er Ehewohnung und an den Haushaltsgegenständen in Kraft getreten. Die bisherige Regelung führte oft zu ungerechten Ergebnissen. Durch das neue Gesetz soll sichergestellt werden, dass beide Ehegatten an dem, was sie während der Ehezeit erworben haben, auch jeweils zur Hälfte beteiligt werden.

Dabei ist folgendes zu beachten:

Eigentumsverhältnisse werden durch die Eheschließung nicht verändert. Gem. § 1363 Abs. 2 BGB gibt es kein gemeinschaftliches Vermögen:

Das Vermögen des Mannes und das Vermögen der Frau werden nicht gemeinschaftliches Vermögen der Ehegatten; dies gilt auch für Vermögen, dass ein Ehegatte nach der Eheschließung erwirbt. Der Zugewinn, den die Ehegatten in der Ehe erzielen, wird jedoch ausgeglichen, wenn die Zugewinngemeinschaft endet.

Gem. § 1364 BGB verwaltet jeder Ehegatte sein Vermögen selbständig. Allerdings gibt es **Einschränkungen:**

Gem. § 1365 Abs. 1 BGB kann ein Ehegatte sich nur mit Einwilligung des anderen Ehegatten verpflichten, über sein Vermögen im Ganzen zu verfügen. Nach der BGH Rechtssprechung verfügt ein Ehepartner nicht über sein „Vermögen im Ganzen, wenn ihm bei einem kleinen Vermögen (ca. 22 000,00 €) ein Restvermögen von 15 % und bei einem größeren Vermögen (ca. 250 000,00 €) ein Restvermögen von 10 % verbleibt.

Gemeinschaftliches Eigentum der Eheleute sind nur solche Gegenstände, die gemeinsam angeschafft wurden, wie z. B. Grundstücke oder Häuser, wenn beide im Grundbuch als Eigentümer eingetragen sind. Insoweit gelten dieselben Vorschriften für den Erwerb gemeinschaftlichen Eigentums, wie auch bei Personen, die nicht miteinander verheiratet sind. Es macht keinen Unterschied, ob sich mehrere Personen, die z. B. miteinander geschäftliche Beziehungen pflegen, ein Haus oder Grundstück anschaffen, oder ob ein Ehepaar so verfährt.

Im Grunde handelt es sich beim Güterstand der Zugewinngemeinschaft um eine Art Gütertrennung mit Zugewinnausgleich bei Beendigung des Güterstandes. Das heißt:

Wird der Güterstand aufgelöst, soll das erwirtschaftete Vermögen gerecht verteilt werden.

a) Zugewinnausgleich. Um den Zugewinnausgleich zu ermitteln, muss man zunächst den Zugewinn eines jeden Ehepartners errechnen. Den Zugewinnausgleich ermittelt man nach folgender Formel:

Endvermögen
./. Anfangsvermögen
= Zugewinn

Ist das Endvermögen höher als das Anfangsvermögen ist die **Differenz** der Zugewinn (vgl. § 1373 BGB).

Ist das Endvermögen niedriger als das Anfangsvermögen, wurde ein Zugewinn nicht erwirtschaftet. Es gibt mithin keinen negativen Zugewinn.

Zum **Endvermögen** gehören alle Vermögenswerte, die bei Beendigung des Güterstandes bei dem jeweiligen Ehepartner vorhanden sind (vgl. § 1375 Abs. 1 BGB). Dabei sollte die Ehefrau unbedingt berücksichtigen, dass der maßgebliche Stichtag für die Beendigung des Güterstandes nicht etwa der Zeitpunkt der Trennung, sondern die Zustellung des Scheidungsantrages an den anderen Ehepartner ist (vgl. § 1384 BGB). Alle Vermögenswerte, die an diesem Stichtag vorhanden sind, unterliegen der Ausgleichspflicht. Vermögenswerte Positionen sind z. B. Immobilien, Aktien, Lebensversicherungen mit dem maßgeblichen Rückkaufswert und Gewinnanteilen, Firmenwerte oder Geschäftsbeteiligungen, Bausparverträge, Sparguthaben, Bargeld, Forderungen etc., so genannte Aktiva.

Beispiel: Helmine und Waldemar H. aus Köln haben im Jahre 1973 die Ehe geschlossen.

Beide Eheleute verfügten zum Zeitpunkt der Eheschließung über kein Anfangsvermögen. Im September 2009 reicht Waldemar H. die Scheidung ein, weil er auf einer Kegeltour die 30-jährige Silke S. kennen und lieben gelernt hatte. Helmine H. ist zwar bereit, ihren Ehemann gehen zu lassen, jedoch nicht mit seinem gesamten Vermögen. Während der Ehe hat Waldemar H. Grundbesitz im Wert von 500 000 € sowie Wertpapiere im Wert von 100 000 € erworben. Helmine H. hingegen hat nur ein Sparguthaben in Höhe von 20 000,00 €.

Im Rahmen des Zugewinnausgleichs ist Helmine H. an dem Vermögen ihres Mannes zu beteiligen. Man errechnet zunächst den Zugewinn eines jeden Ehepartners, der sich aus der Differenz zwischen dem End- und Anfangsvermögen ergibt. Rein rechnerisch ermittelt sich der Zugewinn der beiden Eheleute wie folgt:

Endvermögen Waldemar H.

Immobilie	500 000,00 €
Wertpapiere	100 000,00 €
	600 000,00 €
abzgl. Anfangsvermögen	0,00 €
= Zugewinn	600 000,00 €

Endvermögen Helmine H.

Sparguthaben	20 000,00 €
abzgl. Anfangsvermögen	0,00 €
= Zugewinn	20 000,00 €

Hierbei ist vorausgesetzt worden, dass der **Wert** des **Grundbesitzes** eindeutig zu ermitteln ist, bzw. dass die Parteien sich auf den Wert geeinigt haben. Andernfalls muss gegebenenfalls ein Sachverständiger den Wert der Immobilie ermitteln.

Es ergibt sich mithin eine Differenz zwischen den beiden Zugewinnen in Höhe von 580 000,00 €.

Waldemar H. muss an seine Ehefrau den hälftigen Betrag, mithin 290 000,00 € als Zugewinnausgleich an seine Ehefrau zahlen.

Zum **Anfangsvermögen** gehören ebenfalls sämtliche Vermögenspositionen abzgl. der Schulden, die die Ehepartner bei der Heirat, also bei Eintritt des Güterstandes der Zugewinngemeinschaft hatten (vgl. § 1374 Abs. 1 BGB). Dazu gehören wie beim Endvermögen z. B. Immobilien, Aktien, Lebensversicherungen, etc. Auch Schulden werden im Anfangsvermögen berücksichtigt.

Nach neuem Recht ist auch negatives Anfangsvermögen zu berücksichtigen.

- § 1374 Abs. 1 BGB: Anfangsvermögen ist das Vermögen, das einem Ehegatten nach Abzug der Verbindlichkeiten bei Eintritt des Güterstandes gehört.

- § 1374 Abs. 3 BGB: Verbindlichkeiten sind über die Höhe des Vermögens hinaus abzuziehen.

Jeder Ehepartner ist für den Bestand seines Anfangsvermögens darlegungs- und beweispflichtig.

Abwandlung des obigen Beispiels: Bei Eheschließung im Jahre 1973 verfügte Waldemar H. über ein Anfangsvermögen in Höhe von 10 000 € und Helmine H. über ein Anfangsvermögen in Höhe von 5000 €€

Um einen **aussagefähigen Vergleich** des Anfangsvermögens mit dem Endvermögen zu erreichen, muss zunächst der Kaufkraftschwund ausgeglichen werden. Das gesamte Anfangsvermögen muss im Hinblick auf die Geldentwertung hochgerechnet, im Juristendeutsch „indexiert" werden.

Dies geschieht nach folgender Formel: Wert des Anfangsvermögens bei Beginn des Güterstandes x Index Endstichtag: Index Anfangstichtag = Anzurechnendes Anfangsvermögen

Der **Lebenshaltungskostenindex,** der vom statistischen Bundesamt festgesetzt wird, ist bei diesem, aber auch bei Anwälten, Notaren, Banken und Sparkassen zu erfragen.

Im vorliegenden Beispiel wird von einem Preisindex von 100 im Jahre 2005 ausgegangen; daraus ergibt sich für das Jahr 1973 ein Preisindex in Höhe von 41,9 und für das Jahr 2008 in Höhe von 109,3.

Das Anfangsvermögen von Waldemar H. berechnet sich daher wie folgt:

10 000,00 € x 109,3/41,9 = 26 086,00 €

Das Anfangsvermögen von Helmine H. berechnet sich wie folgt:

5000,00 € x 109,3 / 41,9 = 13 043,00 €

Den Zugewinn berechnet man nunmehr wie folgt:

Endvermögen Waldemar H.

Immobilie	500 000,00 €
Wertpapiere	100 000,00 €
	600 000,00 €
abzüglich Anfangsvermögen	26 086,00 €
gleich Zugewinn	**573 914,00 €**

Endvermögen Helmine H.

Sparguthaben	20 000,00 €
abzgl. Anfangsvermögen	13 043,00 €
gleich Zugewinn	**6957,00 €**

Somit ergeben sich folgende Berechnungen:

Zugewinn Waldemar	573 914,00 €
abzgl. Zugewinn Helmine	6957,00 €
	566 957,00 €
davon $1/2$ = Zugewinnausgleich	**283 478,50 €**

Zweck der Zugewinngemeinschaft ist es, dass das gemeinsam erwirtschaftete Vermögen untereinander ausgeglichen wird. Es ist zu berücksichtigen, dass Erbschaften, Schenkungen und Ausstattungen – also Zuwendungen von außen –, die während der Ehe erfolgen und sich somit im Endvermögen des Partners befinden, nicht zum Zugewinn zählen. Sie werden deshalb auch dem Anfangsvermögen hinzugerechnet (vgl. § 1374 Abs. 2 BGB). Dadurch soll verhindert werden, dass der andere Ehepartner an der Erbschaft bzw. Schenkung in voller Höhe im Rahmen des Zugewinnausgleichs beteiligt wird. Vielmehr soll der Ehegatte nur an dem Wertzuwachs teilhaben. Hat z. B. das im Wege der Erbschaft erlangte Haus einen Wert in Höhe von 250 000 € und bei Beendigung des Güterstandes, z. B. aufgrund erheblicher Renovierungen, einen Wert in Höhe von 500 000 €, so fallen nur 250 000 € in die Verteilungsmasse, wobei allerdings die Indexierung zu berücksichtigen ist.

Abwandlung des vorstehenden Beispiels: Waldemar hat während der Ehezeit im Jahre 1998 einen Geldbetrag in Höhe von umgerechnet 50 000,00 € geerbt, den er in seine Immobilie investiert hat.

Die Erbschaft ist daher auch im Anfangsvermögen zu berücksichtigen.

Es ist eine Indexierung nach der vorstehenden Formel vorzunehmen, so dass sich für die Erbschaft ein indexierter Betrag in Höhe von 60 121,00 € ergibt.

Die Zugewinnberechnung sieht wie folgt aus:

Endvermögen Waldemar H.

Immobilie	500 000,00 €
Wertpapiere	100 000,00 €
	600 000,00 €
abzüglich Anfangsvermögen	26 086,00 €
abzüglich Erbschaft indexiert	60 121,00 €
= Zugewinn	513 793,00 €

Endvermögen Helmine H.

Sparguthaben	20 000,00 €
abzgl. Anfangsvermögen	13 043,00 €
= Zugewinn	6957,00 €

Somit ergeben sich folgende Berechnungen:

Zugewinn Waldemar	513 793,00 €
abzgl. Zugewinn Helmine	6957,00 €
	506 836,00 €
davon $1/2$ = Zugewinnausgleich	253 418,00 €

Waldemar H. hat 253 418,00 € als Zugewinnausgleich an seine Ehefrau Helmine H. zu zahlen.

Beispiel: Mirko und Hanna haben im Jahre 2000 geheiratet. Mirko verfügte bei Eheschließung über 50.000,00 € Schulden. Während der Ehezeit erwirtschaftete er 80.000,00 €, wovon er zunächst seine Schulden abbezahlte, sodass sein Endvermögen zum maßgeblichen Stichtag – Zustellung des Scheidungsantrages – 30.000,00 € betrug. Hanna war bei

Eheschließung schuldenfrei und verfügt über ein Endvermögen in Höhe von 80.000,00 €.

Wer ist zugewinnausgleichsverpflichtet?

Endvermögen Mirko	30.000,00 €
abzgl. Anfangsvermögen	− 50.000,00 €
Zugewinn	80.000,00 €
Endvermögen Hanna	80.000,00 €
abzgl. Anfangsvermögen	0,00 €
Zugewinn	80.000,00 €

Mirko verfügt genauso wie seine Ehefrau über einen Zugewinn in Höhe von 80.000,00 €

Ein Zugewinnausgleich findet nicht statt.

In der **Praxis** kommt es nicht selten vor, dass Ehemänner, die die Scheidung systematisch vorbereiten, bei Zustellung des Scheidungsantrages an die Ehefrau offiziell über keine Vermögensposition mehr verfügen. Hat die Ehefrau überhaupt keine Information über das vorhandene Vermögen, so wird es ihr sehr schwer fallen, dass ursprüngliche Vermögen ihres Ehemannes nachzuweisen. Von daher ist jeder Ehefrau anzuraten, sich einen **Überblick** über die **Vermögenssituation** ihres Ehemannes zu verschaffen, in dem sie aussagekräftige Unterlagen, Sparbücher, Wertpapiere, Rechnungen usw. kopiert, damit im Falle des Bestreitens entsprechende Nachweise erbracht werden können. Vorsicht ist auch geboten, wenn der Ehemann im Wissen um das anstehende Ehescheidungsverfahren durch Zuwendungen an Dritte und Vermögensverschwendungen den Zugewinnausgleich vereiteln will.

Um Manipulationen zu vermeiden, hat das neue Gesetz die Auskunftspflicht in § 1379 BGB erweitert. Es besteht jetzt eine Erweiterung des Auskunftsanspruch auch über den Bestand des Vermögens im Zeitpunkt der Trennung. Damit der Zugewinnausgleich ordnungsgemäß berechnet werden kann, besteht jetzt auch ein Auskunftsanspruch im Hinblick auf das Anfangsvermögen. Neu ist auch, dass die Auskunft entsprechend belegt werden muss.

§ 1379 BGB. (1) Ist der Güterstand beendet oder hat ein Ehegatte die Scheidung, die Aufhebung der Ehe, den vorzeitigen Ausgleich des Zugewinns bei vorzeitiger Aufhebung der Zugewinngemeinschaft beantragt, kann jeder Ehegatte von dem anderen Ehegatten

– Auskunft über das Vermögen zum Zeitpunkt der Trennung verlangen;

– Auskunft über das Vermögen verlangen, soweit es für die Berechnung des Anfangs- und Endvermögens maßgeblich ist.

Auf Anforderung sind Belege vorzulegen. Jeder Ehegatte kann verlangen, dass er bei der Aufnahme des im nach § 260 vorzulegenden Verzeichnisses zugezogen und dass der Wert der Vermögensgegenstände und der Verbindlichkeiten ermittelt wird. Er kann auch verlangen, dass das Verzeichnis auf seine Kosten durch die zuständige Behörde oder durch einen zuständigen Beamten oder Notar aufgenommen wird.

(2) Leben die Ehegatten getrennt, kann jeder Ehegatte von dem anderen Ehegatten Auskunft über das Vermögen zum Zeitpunkt der Trennung verlangen.

Absatz 1 Satz 2 bis 4 gilt entsprechend.

So schreibt § 1375 BGB vor, dass bestimmte nachweisliche unverhältnismäßige Schenkungen und unwirtschaftliche Ausgaben dem Endvermögen hinzugerechnet werden müssen.

Dabei handelt es sich um **illoyale Vermögensminderungen.** Unter illoyalen Vermögensminderungen versteht man gem. § 1375 Abs. 2 BGB:

• Unentgeltliche Zuwendungen, durch die ein Ehegatte nicht seiner sittlichen Pflicht oder einer auf den Anstand zu nehmenden Rücksicht entsprochen hat,
• Vermögensverschwendungen oder
• Handlungen in der Absicht, den anderen Ehegatten zu benachteiligen.

Beispiel: Karo und Eugen S. aus Köln sind seit 20 Jahren verheiratet. Eugen S. hat seit 3 Jahren eine 20 Jahre jüngere Geliebte.
Karo reicht die Scheidung ein. Der Scheidungsantrag wird Eugen am 5. 9. 2009 zugestellt.
Das Endvermögen von Eugen beträgt zum Stichtag (Zustellung des Scheidungsantrages) 500 000,00 €.

Während des Trennungsjahres hat er seiner Geliebten eine Eigentumswohnung im Wert von 60 000,00 € geschenkt.

Da es sich bei der Schenkung um eine illoyale Vermögensminderung handelt, ist dem Endvermögen von Eugen ein Betrag in Höhe von 60 000,00 € fiktiv hinzuzufügen, so dass Karo, die über keinen Zugewinn verfügt einen Zugewinnausgleichsanspruch in Höhe des hälftigen Betrages, mithin 280 000,00 € zusteht.

> **Wichtig:** Ist das Endvermögen eines Ehegatten geringer als das Vermögen, das er in der Auskunft zum Trennungszeitpunkt angegeben hat, so hat dieser Ehegatte darzulegen und zu beweisen, dass die Vermögensminderung nicht Handlungen im Sinne der § 1375 Abs. 1 und § 1375 Abs. 2 S. 1 Nr. 1 bis 3 BGB zurückzuführen ist.
> Kommt ein Ehepartner seiner Auskunftsverpflichtung nicht nach, kann eine Auskunftsklage angestrengt werden.

Notfalls kann der sich weigernde Ehegatte durch Ordnungsgeld oder Ordnungshaft dazu gezwungen werden, Auskunft zu erteilen. Ein Auskunftsanspruch hinsichtlich des Anfangsvermögens besteht dagegen nicht.

Die **Ausgleichsforderung** ist mit Beendigung des Güterstandes, also nach der rechtskräftigen Scheidung, **fällig.** Sie muss innerhalb der nächsten drei Jahre (nach der Mitteilung über die Beendigung des Güterstandes) geltend gemacht werden, da sie ansonsten verjährt. Würde eine sofortige Zahlung des Zugewinnausgleiches den Ausgleichspflichtigen besonders hart treffen, z. B. wenn er langfristig angelegtes Kapital durch unwirtschaftliche Maßnahmen flüssig machen müsste und damit die Existenz seines Unternehmens gefährdet, kann unter Umständen eine Stundung vereinbart werden.

Der Ausgleichsberechtigte, der dann länger auf sein Geld warten muss, hat jedoch Anspruch auf **Verzinsung** der Ausgleichsforderung und eine Sicherheitsleistung, die das Familiengericht festlegt.

Bis zur Rechtskraft der Scheidung sind **Vereinbarungen** über den Ausgleich des Zugewinns formbedürftig, das heißt, sie bedürfen der **notariellen Beurkundung.** Die notarielle Beurkundung kann aber auch durch einen gerichtlichen Vergleich im Scheidungsverfahren ersetzt werden.

Ab Rechtskraft der Scheidung sind Vereinbarungen über den Zugewinnausgleich formfrei.

Die Nichtbeachtung dieser Vorschriften kann zu erheblichen Nachteilen führen. Hierzu folgendes Beispiel:

Beispiel: Barbara O. aus Essen hat sich von ihrem Ehemann Dr. Elmar H. getrennt. Bei der Trennung haben beide ein gemeinsam unterzeichnetes Schreiben aufgesetzt, in welchem es u. a. heißt:

„Wir teilen unser Barvermögen wie folgt auf: Jeder von uns erhält 200 000 €. Das Scheidungsverfahren wird erst fünf Jahre später durchgeführt".

Trotz der getroffenen Vereinbarung verlangt Dr. H. von seiner Ehefrau einen Zugewinnausgleich, da er seine 200.000,00 € ausgegeben hat, während Barbara O. ihre 200.000 € gewinnbringend angelegt hat und jetzt über 230.000 € verfügt. Barbara O. ist empört.

Da die Eheleute dem Formerfordernis der notariellen Beurkundung nicht Rechnung getragen haben, ist ihre **Vereinbarung** insofern **unwirksam.**

Dr. H. kann von seiner Ehefrau eine Zugewinnausgleichszahlung verlangen. Zum Zeitpunkt der Scheidung verfügt Barbara über ein Guthaben in Höhe von 230.000,00 €.

Berechnung:

Endvermögen Ehemann	0,00 €
abzgl. Anfangsvermögen	0,00 €
Zugewinn	0,00 €
Endvermögen Ehefrau	230.000,00 €
abzgl. Anfangsvermögen	0,00 €
Zugewinn	230.000,00 €
abzgl. Zugewinn Ehemann	0,00 €
Differenz	230.000,00 €
davon $1/2$	115.000,00 €

Barbara O. hat die Hälfte ihres Zugewinns mithin 115.000,00 € an ihren Ehemann zu zahlen.

Wichtig: Nach neuem Recht tritt für den Fall, dass die Ehe geschieden wird an die Stelle der Beendigung des Güterstandes der Zeitpunkt der Rechtshängigkeit des Scheidungsantrages sowohl für die Berechnung des Zugewinns als auch für die Höhe der Ausgleichsforderung. Durch diese Regelung ist ein verbesserter Schutz des ausgleichsberechtigten Ehepartners eingeführt worden. Maßgeblich für die Höhe der Ausgleichsforderung ist nunmehr ausschließlich der Vermögensbestand, der bei Zustellung des Scheidungsantrages vorhanden war. Der Vermögensbestand kann auch durch Veränderungen nach dem Stichtag – Zustellung des Scheidungsantrages – nicht mehr beeinflusst werden.

Beispiel: Sascha und Brigitte H. aus München lassen sich nach 10 Ehejahren scheiden. Bei Zustellung des Ehescheidungsantrages an seine Ehefrau verfügte Sascha über ein Endvermögen in Höhe von 50.000 €. Da Brigitte H. über keine Vermögenswerte zum maßgeblichen Stichtag verfügt, steht ihr ein Zugewinnausgleichsanspruch in Höhe von 25.000 € zu. Das Scheidungsverfahren verzögert sich, da Brigitte ihre nachehelichen Unterhaltsansprüche im Scheidungsverbundverfahren geltend gemacht hat. Bei Rechtskraft der Scheidung verfügt Sascha über kein Vermögen mehr. Er gibt an, eine Weltreise unternommen zu haben und das restliche Geld mit seiner Freundin verbraucht zu haben.

Wegen der Begrenzungsmöglichkeit in § 1378 Abs. 2 BGB ging Brigitte H. nach bisherigem Recht leer aus.

Nach neuem Recht ist auch für die Höhe der Ausgleichsforderung genauso wie für die Berechnung des Zugewinns der Zeitpunkt der Zustellung des Scheidungsantrages maßgeblich.

Im obigen Beispielsfall steht der Ehefrau Brigitte H. daher der Zugewinnausgleichsanspruch in Höhe von 25.000,00 € zu. Sollte Sascha H. wieder zu Geld kommen, kann sie ihren Zugewinnausgleichsanspruch im Wege der Zwangsvollstreckung durchsetzen.

b) Vorzeitiger Zugewinnausgleich. Leben Eheleute seit 3 Jahren getrennt, kann auf so genannten vorzeitigen Zugewinnausgleich geklagt werden (vgl. § 1385 BGB). Da dafür nicht unbedingt ein Scheidungsverfahren eingeleitet sein muss, ist der **Stichtag** der Berechnung des Zugewinns natürlich nicht die Zustellung des Scheidungsantrages, sondern der Zeitpunkt der Klageerhebung (vgl. § 1387 BGB).

Sobald das Urteil rechtskräftig geworden ist, tritt der Güterstand der **Gütertrennung** ein, auch wenn die Ehe noch weiter besteht.

Auf vorzeitigen Zugewinnausgleich kann auch geklagt werden, wenn einem Ehepartner eine **Vernachlässigung** oder **Verletzung wirtschaftlicher Verpflichtungen,** die sich aus der Ehe ergeben, vorzuwerfen ist und man davon ausgehen muss, dass dies auch in Zukunft der Fall sein wird. Das gleiche gilt, wenn eine erhebliche Gefährdung der künftigen Ausgleichsforderung zu befürchten ist (vgl. § 1385 BGB). Dies ist beispielsweise dann der Fall, wenn der Ehemann seine Immobilien weit unter Verkehrswert veräußert oder verschenkt.

2. Modifizierte Zugewinngemeinschaft

Häufig wünschen Ehepartner bei Eheschließung, dass das bereits vorhandene Vermögen, geerbte Vermögen oder Unternehmerbeteiligungen, für den Fall der Scheidung, bei dem Zugewinnausgleich nicht berücksichtigt werden sollen. Um diesem Wunsch Rechnung zu tragen, ist nicht unbedingt die Gütertrennung erforderlich, es kann vielmehr eine so genannte modifizierte Zugewinngemeinschaft vereinbart werden.

Danach bleiben **einzelne Vermögenswerte,** zum Beispiel die bereits vorhandene Immobilie oder das Unternehmen bei der Berechnung des Zugewinnausgleichs aussen vor. Das bedeutet, dass der andere Ehepartner zwar nicht an dem bereits bei Eheschließung vorhandenen Vermögen partizipiert, es jedoch grundsätzlich bei der Zugewinngemeinschaft verbleiben soll, so dass er an den anderen Vermögenswerten im Rahmen der Zugewinnberechnung teilhat.

Für die Wahl dieser güterrechtlichen Zuordnung ist eine **notarielle Beurkundung** notwendig.

Wegen weiterer Einzelheiten vgl. mein Buch „Ehevertrag – Vorteil oder Falle" (Beck-Rechtsberater im dtv, Band 50656).

3. Gütertrennung

Die Eheleute können auch den gesetzlichen Güterstand der Zugewinngemeinschaft ausschließen und Gütertrennung vereinbaren.

Der Gütertrennungsvertrag ist in **notarieller Form** zwingend vorgeschrieben.

Bei der Gütertrennung gibt es zwei voneinander **unabhängige Vermögen,** nämlich das Vermögen des Ehemannes und das der Ehefrau. Jeder verwaltet sein Vermögen selbst. Die Eheleute sind auch berechtigt, ihre Einkünfte für ihre eigenen Zwecke zu verwenden.

Bei Beendigung der Ehe findet daher ein Vermögensausgleich nicht statt.

VII. Erbrechtliche Folgen

Eine Scheidung wirkt sich automatisch auf das gesetzliche Erbrecht unter Eheleuten aus, da das gesetzliche Erbrecht das Bestehen einer gültigen Ehe voraussetzt. Wird die Ehe geschieden, verliert der geschiedene Ehegatte seine Erb- und Pflichtteilsansprüche. Für die Kinder hat eine Scheidung dagegen im Bereich des gesetzlichen Erbrechts keine Konsequenzen.

Für das **gesetzliche Erbrecht** der Ehegatten sind zwei Punkte von entscheidender Bedeutung nämlich zum einen, ob Verwandte des Erblassers vorhanden sind und welcher Ordnung diese angehören und zum anderen in welchem Güterstand die Ehepartner im Zeitpunkt des Erbfalls leben. Der Ehegatte selbst ist nicht mit seinem Partner verwandt, § 1589 BGB. Bei rein erbrechtlicher Betrachtung erbt der Ehegatte neben den Verwandten erster Ordnung – Abkömmlinge des Erblassers – (gem. § 1924 Abs. 1 BGB), ¼ neben den Erben zweiter Ordnung – Eltern des Erblassers und deren Abkömmlinge – (gem. § 1925 Abs. 1 BGB) oder den Großeltern – allerdings nicht deren Abkömmlinge – ½ (§ 1931 Abs. 1 Satz 1 BGB) und neben den Erben der dritten und aller weiteren Ordnungen, wenn keine Großeltern vorhanden sind allein (§ 1931 Abs. 2 BGB).

Diese erbrechtliche Regelung wird über güterrechtliche Gesichtspunkte korrigiert, da im gesetzlichen Güterstand der Zugewinngemeinschaft der Anteil an dem Erbe für den Ehegatten um ¼ erhöht wird, § 1371 Abs. 1 BGB. Neben den Abkömmlingen des Erblassers also den Kindern, erbt der Ehepartner ½. Neben Erben der zweiten Ordnung – Eltern des Erblassers und deren Abkömmlingen – und den Großeltern ¾. Sollte der Ehepartner nicht Erbe werden, da beispielsweise direkt die Kinder zur Erbschaft berufen sind oder andere erben oder erhält er auch kein Vermächtnis, bleiben ihm in jedem Falle der Zugewinnausgleichsanspruch von ¼ und sein Pflichtteil, § 1371 Abs. 2 BGB.

Etwas anderes gilt, wenn der Güterstand der **Gütertrennung** vereinbart ist. Hier gilt § 1931 Abs. 4 BGB. Die Kinder dürfen jeweils nicht mehr als der Ehegatte erben. Es kommt also auf die Zahl der Kinder an. Ist nur ein Kind vorhanden, würde dies nach allgemeinen Grundsätzen ¾ erben. Zwei Kinder würden ebenfalls mehr als der Ehegatte, nämlich jeweils ⅜ erhalten. Durch § 1931 Abs. 4 BGB wird der Ehepartner mindestens jedem einzelnen Kind gleichgestellt. Er erhält neben einem Kind ½ und neben zwei Kindern ⅓. Bei drei oder mehr Kindern erhält er mindestens ¼, § 1931 Abs. 1 Satz 1 BGB, so dass dann eine gesonderte Überprüfung nicht mehr erforderlich ist.

Darüber hinaus kennt das Gesetz ein **gesetzliches Vermächtnis** des überlebenden Ehegatten, welches in § 1932 BGB geregelt ist und mit „Voraus" bezeichnet wird. Danach stehen dem überlebenden Ehegatten neben den Eltern und Geschwistern des Verstorbenen außer seinem Erbteil die zum Haushalt gehörenden Gegenstände – soweit sie nicht Zubehör eines Grundstückes sind – sowie die Hochzeitsgeschenke zu.

Bei all diesen erbrechtlichen Ansprüchen eines Ehegatten ist Voraussetzung, dass zum **Zeitpunkt** des Todes des Ehepartners eine **gültige Ehe** besteht. Dabei ist es unerheblich, wie lange die Ehe gedauert hat und ob die Eheleute zum Zeitpunkt des Erbfalls bereits getrennt gelebt haben.

Stirbt jedoch ein Ehegatte zu einem Zeitpunkt, zu dem bereits die Voraussetzungen für die Scheidung vorlagen und hat der Erblasser die Scheidung beantragt bzw. dieser zugestimmt, dann tritt die Sonderregelung des § 1933 BGB in Kraft. Das Erbrecht und das Recht auf den „Voraus" entfallen und dem überlebenden Ehepartner steht lediglich ein **Unterhaltsanspruch** zu, der gewährleisten soll, dass er zumindest in etwa so gestellt wird, als wäre die Ehe durch Scheidung beendet worden (vgl. §§ 1569 bis 1586 b BGB).

Selbstverständlich können Eheleute, genau wie nicht verheiratete Personen, durch **letztwillige Verfügungen** wie Testamente und Erbverträge Regelungen treffen, die von der gesetzlichen Erbfolge abweichen. Darüber hinaus haben Ehepaare nach § 2265 BGB die Möglichkeit, ein so genanntes gemeinschaftliches Testament abzufassen. Sinn dieser Regelung ist es, den Eheleuten die Möglichkeit einzuräumen, ihre erbrechtlichen Verhältnisse gemeinsam zu regeln und auch so voneinander abhängig zu machen, dass sie nicht einseitig oder nur unter ganz bestimmten Voraussetzungen geändert werden können.

Unwirksam wird ein gemeinschaftliches Testament dann, wenn zur Zeit des Todes eines Partners die Voraussetzungen für die Scheidung der Ehe gegeben waren und der Erblasser die Scheidung beantragt oder ihr zugestimmt hatte (vgl. § 2268 Abs. 1 i. V. m. § 2077 Abs. 1 Satz 2 BGB). Dies soll nur dann nicht gelten, wenn anzunehmen ist, dass die im gemeinschaftlichen Testament vorgenommenen Verfügungen auch trotz der vorgenannten Voraussetzungen getroffen worden wären.

Haben Eheleute **Einzeltestamente** errichtet, wirkt sich eine Ehescheidung auf diese nicht aus. Selbstverständlich ist jeder Ehepartner berechtigt sein Testament nach allgemeinen erbrechtlichen Vorschriften zu widerrufen (vgl. §§ 2253 ff. BGB).

Anders liegt der Fall bei Verträgen. Hier besteht die Möglichkeit des Widerrufs nicht. Der Erblasser kann aber den **Erbvertrag** entweder anfechten (vgl. §§ 2281 f. BGB) oder aber von ihm zurücktreten (vgl. §§ 2293 f. BGB). Die Scheidung selbst wirkt sich auf den Erbvertrag nicht aus. Nach § 2294 BGB ist der Erblasser allerdings berechtigt, von einer vertragsmäßigen Verfügung zurückzutreten, wenn sich der Bedachte einer Verfehlung schuldig gemacht hat, die den Erblasser zur Entziehung des Pflichtteils berechtigt. Da spätestens mit der Ehescheidung das Pflichtteilsrecht entfällt, liegen die Voraussetzungen für den Rücktritt vom Erbvertrag vor.

Auf weitere Einzelheiten des Ehegattenerbrechtes sowie seine Beziehungen zum ehelichen Güterrecht kann wegen der Komplexität der damit verbundenen Rechtsfragen an dieser Stelle nicht eingegangen werden.

Noch ein wichtiger Tipp: Es ist dringend erforderlich, bei der Trennung gemeinsame Girokonten aufzulösen, um nicht für plötzliche Abhebungen des Ehemannes zu haften. Die Ehefrau sollte ihrer Bank mitteilen, nicht länger Mitinhaberin des Kontos sein zu wollen. Befindet sich das gemeinsame Konto im Plus, bestehen in der Regel keine Schwierigkeiten. Die Ehefrau sollte ein neues Konto einrichten und auch dafür Sorge tragen, dass ihr Geld auf das neue Konto eingezahlt wird, da ansonsten die Ehefrau Gefahr läuft, dass der Ehemann sämtliches Guthaben „abräumt". Bestehen gemeinsame Schulden, so muss eine Vereinbarung über die Schuldenrückführung getroffen werden. Geht ein Ehepartner gegenüber der Bank in Vorlage, so kann im Rahmen des Gesamtschuldnerausgleichs der andere Ehepartner verpflichtet werden, den hälftigen Betrag zu zahlen. Hat der Ehemann lediglich eine Kontovollmacht für das Konto der Ehefrau, so sollte bei der Trennung diese Kontovollmacht widerrufen werden, um zu verhindern, dass möglicherweise weitere Gelder abgehoben werden.

VIII. Trennungs- und Ehescheidungsfolgenvereinbarung

Neben den oben aufgezeigten Möglichkeiten, Ehescheidungsfolgesachen im Falle einer Trennung oder Scheidung durch die Familiengerichte regeln zu lassen, besteht die Möglichkeit, solche Regelungen durch Verträge zwischen den Eheleuten herbeizuführen. Dies gilt für Kindesunterhalt, Getrenntleben bzw. nachehelichen Unterhalt, Versorgungsausgleich, Hausrat, Ehewohnung, Zugewinn sowie die Kosten der Scheidung. Bei der **Abfassung** solcher Verträge sind die persönlichen wirtschaftlichen Verhältnisse der Parteien zu berücksichtigen. So kommt es darauf an, welches Alter die Ehepartner haben, ob Kinder vorhanden sind, ob die Vermögensverhältnisse eher gleich oder unterschiedlich sind, ob beide Parteien berufstätig sind oder ob es sich um eine so genannte Alleinverdienerehe handelt. Die Sach- und Rechtslage kann ausgesprochen umfangreich und kompliziert sein. Dementsprechend sind solche Verträge für den Laien oft nicht verständlich und überschaubar. Es muss daher dringend davon abgeraten werden, ohne genaue Prüfung durch einen Anwalt einen solchen Vertrag zu unterzeichnen. Dies gilt umso mehr, wenn der Ehemann eine solche Vereinbarung ausschließlich zu seinen Gunsten von seinem Anwalt hat entwerfen lassen. Der Anwalt des Ehemannes kann nicht gleichzeitig die widerstreitenden Interessen der Ehefrau vertreten. Vor Unterzeichnung des Ehevertrages sollte dieser daher von einem Anwalt der Ehefrau überprüft werden. Ist dann zwischen den Parteien eine Einigung erzielt worden, kann der Ehevertrag, soweit erforderlich, notariell beurkundet werden. Wie eine solche Vereinbarung aussehen kann, ergibt sich aus nachstehend abgedruckten

Beispiel:

Urkundenrolle-Nr.

Verhandelt zu Duisburg am 10. 8. 2009

Vor dem unterzeichneten Notar Willibald Mustermann in Duisburg erschienen heute:

1. Herr Peter Müller, geboren am 8. 4. 1964, Angestellter
wohnhaft: Beispiel Str. 36, 47051 Duisburg – ausgewiesen durch Vorlage des gültigen Personalausweises –

2. Frau Maria Müller, geborene Kowalzik, geboren am 6. 4. 1966, Arzthelferin,
wohnhaft: Beispiel Str. 94, 47051 Duisburg – ausgewiesen durch Vorlage des gültigen Personalausweises –

Die Erschienen erklären:
Wir sind getrennt lebende Eheleute. Aus unserer Ehe ist der Sohn Wilfried, geb. am 23. 12. 1993 hervorgegangen. Wir treffen folgende Scheidungsvereinbarung:
Die Erschienenen verneinten die Frage des Notars nach einer Vorbefassung im Sinne des §§ 3 Abs. 1 Nr. 7 Beurkundungsgesetz (BeurkG).

§ 1 Kindesunterhalt
Der Erschienene zu 1.) verpflichtet sich Kindesunterhalt für den Sohn Wilfried in Höhe von monatlich 584,00 € ab dem 1. 9. 2008 zu Händen der Erschienen zu 2.) monatlich im Voraus zu zahlen. Das Kindergeld, dass die Erschienene zu 2.) für den Sohn Wilfried erhält, wird auf diesen Unterhalt nicht angerechnet.

§ 2 Trennungsunterhalt
Der Erschienene zu 1.) verpflichtet sich eine monatliche Unterhaltsrente in Höhe von 1 164,00 € bis spätestens zum 3. Werktag eines jeden Monats beginnend ab dem 1. 9. 2008 an die Erschienene zu 2.) zu zahlen.

Bei der vorstehenden Unterhaltsberechnung gehen die Vertragschließenden von einem durchschnittlichen monatlichen Nettoeinkommen des
Vertragschließenden zu 1. in Höhe von 4.800 € und bei der Vertragschließenden zu 2. von einem durchschnittlichen monatlichen Nettoeinkommen in Höhe von 1.500 € aus.

§ 3 Nachehelicher Unterhalt

Der Erschiene zu 1.) verpflichtet sich eine monatliche Unterhaltsrente in
Höhe von 800,00 € bis spätestens zum 3. Werktag eines jeden Monats
an die Erschienene zu 2.) zu zahlen. Diese Regelung gilt für die Dauer von
drei Jahren, beginnend mit dem 1. des auf die Rechtskraft der Scheidung
folgenden Monats. Bis zu diesem Zeitpunkt verzichten die Vertragschließenden auf die Abänderungsmöglichkeit nach § 323 ZPO. Danach
schuldet der Erschienene zu 1.) nachehelichen Unterhalt nach den gesetzlichen Vorschriften.

§ 4 Krankenversicherung

Der Erschienene zu 1.) verpflichtet sich, die bisherige private Krankenversicherung der Erschienen zu 2.) und des gemeinsamen Kindes aufrecht-
zuerhalten.

§ 5 Elterliche Sorge

Die Erschienenen sind sich darüber einig, dass die elterliche Sorge für
den gemeinsamen Sohn Wilfried beiden belassen bleiben soll.
Es besteht ferner Einigkeit, dass das Kind seinen gewöhnlichen Aufenthalt bei der Erschienenen zu 2.) hat.

§ 6 Umgangsrecht

Der Erschienene zu 1.) kann jedes zweite Wochenende in der Zeit vom
Freitag 18:00 Uhr bis Sonntag 18:00 Uhr seinen Sohn Wilfried zu sich
nehmen. Weitergehende Umgangskontakte insbesondere in den Ferien
und an den Feiertagen werden die Erschienenen absprechen.

§ 7 Hausrat

Die Erschienenen zu 1.) und 2.) sind sich darüber einig, dass die Wohnungseinrichtung und der Hausrat aufgeteilt sind. Weitergehende Ansprüche bestehen insoweit nicht.

§ 8 Zugewinn

Der Erschienene zu 1.) zahlt an die Erschienene zu 2.) innerhalb von
drei Wochen, vom Zeitpunkt der Rechtskraft der Scheidung an, zum
Ausgleich des Zugewinns einen einmaligen Betrag in Höhe von
100 000,00 €.

§ 9 Vollstreckungsklausel

Wegen der in diesem Vertrag genannten Zahlungsverpflichtungen von monatlich 584,00 €, 1 164,00 €, 800,00 € sowie einmalig 100 000,00 € unterwirft sich der Erschienene zu 1.) hiermit der sofortigen Zwangsvollstreckung in sein gesamtes Vermögen.

Der Notar wird ermächtigt, der Erschienenen zu 2.) eine vollstreckbare Ausfertigung dieser Urkunde zu erteilen ohne dass es des Nachweises der die Fälligkeit begründenden Tatsachen bedarf.

§ 10 Kosten

Die Kosten dieser Verhandlung und ihres Vollzuges tragen die Erschienenen zu 1.) und 2.) jeweils zur Hälfte.

Vorstehende Verhandlung wurde den Erschienenen von dem Notar vorgelesen, von ihnen genehmigt und dann von ihnen und dem Notar eigenhändig – wie folgt – unterschrieben.

Für Vereinbarungen unter Ehegatten über die Ausgestaltungsmöglichkeiten der Ehe gilt der Grundsatz der **Privatautonomie.** Der BGH hat allerdings auch schon nach altem Recht bei einem Unterhaltsverzicht bei der Scheidung eine **Sittenwidrigkeit** nach § 138 Abs. 1 BGB angenommen, wenn nach der Rechtslage ein Unterhaltsanspruch bestand und der Bedürftige durch den bei oder nach der Scheidung vereinbarten Verzicht Sozialhilfe beziehen musste. Dabei handelte es sich um einen so genannten Vertrag zu Lasten Dritter. Nur wenn vor Eheschließung oder während der Ehe ein Unterhaltsverzicht vereinbart wurde, wurde früher hingegen keine Sittenwidrigkeit angenommen, weil der Bedürftige durch die Eheschließung einen Anspruch auf Familienunterhalt erwarb. Es galt jedoch gem. § 242 BGB als rechtsmissbräuchlich, sich bei der Scheidung auf den Unterhaltsverzicht zu berufen, so lange die Frau das Kind zu betreuen hatte. Die Grundsatzentscheidung des Bundesverfassungsgerichtes im Jahre 2001 korrigierte die bis dahin geltende Rechtsprechung des BGH. Danach ist jetzt auch bei privaten Vereinbarungen und notariellen Eheverträgen eine **Inhaltskontrolle** gem. Artikel 2, 6 GG (Grundgesetz) durchzuführen, wenn der Ehevertrag nicht das Ergebnis einer gleichberechtigten Partnerschaft darstellt, sondern vielmehr eine auf ungleichen Verhandlungspositionen basierende einseitige Dominanz eines Ehepartners widerspiegelt. Je mehr Rechte in einem Ehevertrag ausgeschlossen sind, desto mehr kann eine einseitige Benachteiligung vorliegen.

Mit Urteil vom 11. 2. 2004 hat der BGH die **Kriterien** für eine **Inhaltskontrolle** von **Eheverträgen** festgelegt. Grundsätzlich können die Eheleute Regelungen über den nachehelichen Unterhalt, den Zugewinn und den Versorgungsausgleich weiterhin vertraglich regeln. Der **Schutzzweck** der **gesetzlichen Regelung** darf aber durch vertragliche Vereinbarungen nicht unterlaufen werden. Insbesondere darf keine evident einseitige nicht gerechtfertigte **Lastenverteilung** entstehen, die für den Benachteiligten unzumutbar ist. Es ist immer eine Einzelfallprüfung vorzunehmen. Es müssen vor allen Dingen die Gründe und Umstände des Zustandekommens des Vertrages sowie der beabsichtigten verwirklichten **Gestaltung** des **ehelichen Lebens** berücksichtigt werden. Die Überprüfungskriterien gelten auch für geschlossene Verträge, in der Ehe bzw. für den Fall der Trennung oder Scheidung oder auch nach Scheidung.

Zunächst ist eine **Wirksamkeitskontrolle** nach § 138 BGB vorzunehmen, wobei auf den Zeitpunkt des Vertragsschlusses abzustellen ist. Sämtliche individuellen Verhältnisse der Eheleute müssen überprüft werden, insbesondere die Einkommens- und Vermögensverhältnisse, sowie der geplante oder schon verwirklichte Verlauf der Ehe und die von den Eheleuten mit der Vereinbarung verfolgten Zweck zum Vertragsabschluss. Eine Unwirksamkeit gem. § 138 BGB setzt subjektiv ein Missbrauchsverhalten voraus. Objektiv wird eine Sittenwidrigkeit nur vorliegen, wenn in den Kernbereich des Scheidungsfolgenrechts eingegriffen wird. Zum Kernbereich gehört an erster Stelle der Betreuungsunterhalt (§ 1570 BGB), an zweiter Stelle der Alters- und Krankheitsunterhalt (§§ 1571, 1572 BGB) sowie der Versorgungsausgleich, an dritter Stelle der Erwerbslosenunterhalt (§ 1573 Abs. 1 BGB), an vierter Stelle der Kranken- und Altersvorsorgeunterhalt (§ 1578 Abs. 2, 3 BGB) sowie an fünfter Stelle und beim Unterhalt am ehesten verzichtbar der Aufstockungs- und Ausbildungsunterhalt (§§ 1573 Abs. 2, 1575 BGB). Regelungen über den Zugewinnausgleich stehen an letzter Stelle der Überprüfungsskala. Solche Vereinbarungen fallen regelmäßig nicht in den Kernbereich des Scheidungsfolgenrechts.

Wird eine **Sittenwidrigkeit** im Sinne des § 138 BGB angenommen, wird der gesamte Vertrag unwirksam mit der Folge, dass die gesetzlichen Vorschriften Anwendung finden.

In einem zweiten Schritt ist eine **Ausübungskontrolle** nach § 242 BGB vorzunehmen, wobei der Zeitpunkt des Scheiterns der Ehe maßgeblich ist. Danach ist eine evident einseitige Lastenverteilung sowie ein Missbrauch der im Vertrag eingeräumten Rechtsmacht maßgebend. Hierbei ist zu überprüfen, ob die tatsächliche Gestaltung der Ehe von der Eheplanung abweicht oder ob der Kernbereich des Scheidungsfolgenrechts zu Lasten der Kinder oder der Allgemeinheit betroffen ist. Die Ausübungskontrolle führt nicht zur Unwirksamkeit der Vereinbarung sondern zu einer Neugestaltung der Vereinbarung durch das Gericht, wobei die Belange beider Eheleute zu berücksichtigen sind. So kann unter Umständen trotz eines Unterhaltsverzichtes bei der Betreuung von Kindern nicht nur während der Betreuungszeit der volle Unterhalt nach den ehelichen Verhältnissen zu leisten sein, sondern wegen beruflicher Nachteile durch die Eheschließung auch ein Aufstockungsunterhaltsanspruch in Höhe des angemessenen Bedarfs gegeben sein.

D. Das Scheidungsverfahren

Der Scheidungsantrag ist nur durch einen **Rechtsanwalt** bei dem zuständigen Familiengericht einzureichen, mit anderen Worten: bei Scheidungen besteht „Anwaltszwang". Je nach dem, ob sich die Eheleute über die Scheidung und deren Folgesachen einig sind, kann der zweite Ehegatte auf einen Anwalt verzichten. Zum ersten Gespräch mit dem Anwalt sollte die zur Scheidung entschlossene Ehefrau die Heiratsurkunde bzw. das Stammbuch und ihren Personalausweis mitbringen. Nachdem die Fragen zum Scheidungsbegehren geklärt und der Anwalt eine Vollmacht erhalten hat, kann der Scheidungsantrag gefertigt und beim zuständigen Gericht eingereicht werden, sofern das Trennungsjahr abgelaufen ist oder die Voraussetzungen einer Härtescheidung vorliegen.

I. Zuständigkeit des Gerichts

Die Zuständigkeit des Gerichts ergibt sich aus § 122 FamFG. Grundsätzlich ist das Gericht zuständig, in dessen Gerichtsbezirk beide **Eheleute wohnen.** Leben sie in unterschiedlichen Gerichtsbezirken, ist das Gericht zuständig, in dessen Bezirk einer von ihnen mit den gemeinsamen minderjährigen Kindern lebt. Liegt auch diese Voraussetzung nicht vor, ist das Gericht anzurufen, in dessen Bezirk sich der letzte gemeinsame Wohnsitz befindet, soweit einer der Ehepartner dort wohnt. Sind beide Eheleute in einen anderen Gerichtsbezirk verzogen, so ist das Familiengericht zuständig, bei dem der Gegner des Scheidungsantrages lebt. Sollte dieser im Ausland leben ist das Gericht zuständig, in dessen Bezirk die Antragstellerin wohnt. Greift keiner dieser Gerichtsstände ein, so ist das Amtsgericht Schöneberg in Berlin zuständig. In den fünf neuen Bundesländern ist die Organisation der Gerichte inzwischen derjenigen zu den alten Bundesländern angeglichen worden, so dass das vorstehend Gesagte auch dort Geltung hat.

II. Zustellung des Scheidungsantrages

Für das Tätigwerden des Gerichts ist es erforderlich, dass derjenige, der den Scheidungsantrag einreicht, die gesetzlich vorgesehenen **Gerichtskosten** einzahlt, oder aber, dass der Scheidungsantrag verbunden wird mit einem Antrag auf Bewilligung von **Verfahrenskostenhilfe.** Unter welchen Voraussetzungen diese zu bewilligen ist, wird noch im Einzelnen dargelegt. Sind die Gerichtskosten eingezahlt oder ist Prozesskostenhilfe bewilligt worden, wird das Gericht den Scheidungsantrag dem Ehemann zustellen. Erst jetzt spricht man von Rechtshängigkeit des Scheidungsverfahrens.

Es wird noch einmal daran erinnert, dass jetzt das Gericht beiden Parteien die **Formulare** für den **Versorgungsausgleich** zustellt, die so schnell wie möglich ausgefüllt werden sollten, da sonst das ganze Scheidungsverfahren unnötig verzögert wird.

III. Scheidungstermin

Mit der Zustellung des Scheidungsantrags wird dem Ehemann eine Frist zur Stellungnahme gesetzt. Für das weitere Verfahren sieht das Gesetz unterschiedliche Möglichkeiten vor. Teilweise beraumt das Gericht einen so genannten frühen ersten Termin zur **mündlichen Verhandlung** an, indem die Parteien zur Person sowie zu den Scheidungsvoraussetzungen insbesondere zum Trennungszeitpunkt und Scheidungswillen befragt werden. Liegen die Auskünfte der Rentenversicherungsträger vor, was in der Regel erst nach einigen Monaten der Fall ist, beraumt das Gericht einen so genannten **Abschlusstermin** an, zudem die Parteien häufig nicht mehr zu erscheinen brauchen. Entweder wird die Ehe an diesem Tag geschieden, oder es wird ein Verkündungstermin angesetzt, zudem üblicherweise weder Anwälte noch Parteien erscheinen.

Vielfach beraumen die Gericht erst einen Haupttermin zur mündlichen Verhandlung an, wenn alle Voraussetzungen für eine Scheidung – einschließlich der Auskunft der Rentenversicherungsträger – vorliegen.

Auch in diesem Termin kann die Ehe entweder geschieden werden oder es wird ein **Verkündungstermin** anberaumt. Sind sich die Parteien hinsichtlich der Scheidung und ihrer **Folgesachen** einig, dauert die mündliche Verhandlung oft nur eine viertel bis eine halbe Stunde. Meist wird über den Scheidungsantrag und die Scheidungsfolgesachen in einem Termin entschieden. In Ausnahmefällen können Folgesachen wie z. B. der Versorgungsausgleich abgetrennt und später entschieden werden.

IV. Zustellung des Scheidungsbeschlusses

Durch das neue Familienverfahrensgesetz (FamFG) ist das Scheidungsurteil abgeschafft worden. Die Entscheidungen des Gerichtes ergehen einheitlich durch Beschluss, § 38 FamFG.

In der Regel wird der Beschluss ca. zwei Wochen nach der Verkündung zugestellt. Nach Ablauf eines Monats seit Zustellung wird der Beschluss **rechtskräftig,** wenn keine der Parteien Berufung vor dem zuständigen Oberlandesgericht eingelegt hat. In diesem Fall bescheinigt das Familiengericht auf der Ausfertigung des Urteils die Rechtskraft. Der Scheidungsbeschluss kann auch sofort rechtskräftig werden, wenn beide Parteien anwaltlich vertreten sind und erklären, dass die Rechtskraft des Beschlusses sofort eintreten soll und sie auf Berufung verzichten. Diese Rechtskraft umfasst allerdings nicht die Entscheidung zum Versorgungsausgleich, da die Rentenversicherungsträger selbst Rechtsmittel (Berufung) einlegen können.

V. Kosten des Scheidungsverfahrens

1. Scheidung auf eigene Rechnung

Im Urteil entscheidet das Gericht auch über die Kosten des Verfahrens. Grundsätzlich werden die Gerichtskosten geteilt, während jeder Ehepartner seine **Anwaltskosten** alleine zu tragen hat. Um Kosten zu sparen, machen die Parteien von Ehescheidungsverfahren häufig von der Möglichkeit Gebrauch, dass nur ein Ehepartner sich anwaltlich vertreten lässt, so dass die Rechtsanwaltsgebühren auch nur einmal anfallen. Zwar ist es kostengünstiger, nur einen Anwalt in Anspruch zu nehmen, nicht aber in jedem Falle ratsam, vor allem, wenn es voraussichtlich Auseinandersetzungen zum Beispiel um den Unterhalt geben wird. Nur wenn die Scheidung und sämtliche Folgesachen zwischen den Parteien unstreitig sind, sollten sich die Parteien darauf verständigen, dass nur einer von ihnen anwaltlich vertreten ist. Dies muss derjenige sein, der die Scheidung einreichen möchte.

An dieser Stelle sei ausdrücklich darauf hingewiesen, dass keine Möglichkeit besteht, einen gemeinsamen Anwalt zu wählen, da der Anwalt aufgrund gesetzlicher Vorschriften nicht beide Ehepartner vertreten darf. Abgesehen davon ist er dazu auch gar nicht in der Lage, wenn beide Parteien unterschiedliche Interessen verfolgen. Beantragt zum Beispiel die Ehefrau das Sorgerecht für die gemeinsamen Kinder für sich allein, kann nicht derselbe Anwalt den gegenteiligen Anspruch für den Ehemann stellen. Einigen sich die Eheleute auf einen Anwalt, und sagt der nicht anwaltlich vertretene Ehepartner dem anderen eine Beteiligung an dessen Anwaltskosten zu, so empfiehlt sich eine vorherige schriftliche Vereinbarung, da die Erfahrung in der Praxis gezeigt hat, dass mit Abschluss des Scheidungsverfahrens derartige Zusagen oft nicht eingehalten werden.

Die Höhe der Kosten berechnen sich nach dem sogenannten Streitwert. Dieser errechnet sich für das Ehescheidungsverfahren nach dem 3fachen Nettoeinkommen beider Eheleute.

Grundsätzlich ist auch das Vermögen bei der Festsetzung des Streitwertes zu berücksichtigen. Maßgeblich ist das gemeinsame Vermögen nach Abzug der Verbindlichkeiten. Ferner können bestimmte Freibeträge in Abzug gebracht werden. Die Höhe der Freibeträge ist jedoch regional unterschiedlich. Von dem verbleibenden Vermögen, werden in der Regel 5%–10% bei dem Gegenstandswert in Ansatz gebracht. Der Streitwert für das Sorgerecht ist ein Regelstreitwert und beträgt 900 €. Der Streitwert für den Versorgungsausgleich beträgt mindestens 1.000 €. Nach § 50 FamGKG beträgt der Verfahrenswert beim Versorgungsausgleich bei der Scheidung 10% des 3 Monatsnettoeinkommens der Parteien pro Versorgung.

Anhand des dann feststehenden Gesamtstreitwertes werden die **Gerichts-** und **Anwaltsgebühren** entsprechend den gesetzlichen

Bestimmungen berechnet. Sollten im Scheidungsverfahren weitere Folgesachen gerichtlich geklärt werden, wie zum Beispiel nachehelicher Unterhalt, Zugewinn und Hausrat, so erhöht sich der Streitwert um die Werte der zu regelnden Positionen, mit der Folge, dass sich die Gebühren erhöhen.

Beispiel: Die Eheleute Michaela und Heribert Z. aus Köln haben ein monatliches Nettoeinkommen in Höhe von 1500,00 € bzw. 4000,00 €. Die Eheleute verfügen über ein gemeinsames Vermögen nach Abzug der Verbindlichkeiten und Freibeträge in Höhe von 60.000 €. Der Ehemann hat Rentenanwartschaften in Höhe von monatlich 350,00 € auf das Rentenkonto seiner Ehefrau zu übertragen. Beide Eheleute sind bei der Rentenversicherung Bund rentenversichert.

Es ergeben sich folgende Streitwerte:

Ehescheidung	
(1500,00 + 4000,00 €) 5500,00 € x 3 =	16 500,00 €
Vermögen (5%)	3000,00 €
Versorgungsausgleich	1000,00 €
Streitwert	20 500,00 €

Hat man auf diese Weise den Streitwert ermittelt, kann man anhand von Tabellen die anfallenden **Gebühren** und **Kosten** ermitteln. Die Gerichtskosten entnimmt man der Gerichtskostentabelle und die Rechtsanwaltsgebühren dem Rechtsanwaltsvergütungsgesetz (RVG).

Die Gerichtskosten für ein Scheidungsverfahren richten sich für die erste Instanz nach dem Kostenverzeichnis des Familiensachengerichtskostengesetz – FamGKG. Die Höhe der jeweils zu entrichtenden Gebühr ergibt sich aus der Anlage 2 zu § 28 Abs. 1 FamGKG.

Im vorstehenden Beispiel betragen die Gerichtskosten zweimal 340,00 €.

2. Gerichtskosten und Anwaltskosten

Nach § 26 Abs. 1 FamGKG haften die **Eheleute** als **Gesamtschuldner.** Das bedeutet, dass jeder der Ehepartner nur die Hälfte der Gerichtskosten zu tragen hat. Nach außen jedoch haftet jeder Ehepartner für die volle Summe, die allerdings nur einmal zu zahlen ist. Wenn also ein Ehegatte aufgrund seiner finanziellen Verhältnisse nicht in der Lage ist, die Hälfte der **Gerichtskosten** zu übernehmen, muss der andere Ehegatte die volle Summe tragen (vgl. § 26 Abs. 2 FamGKG).

Zusätzlich entstehen folgende **Anwaltskosten:**

1. Verfahrensgebühr gem. § 13, Nr. 3100 VV RVG (1,3)
   nach einem Streitwert von 20 500,00 €.

   839,80 €

2. Terminsgebühr gem. § 13, Nr. 3104 VV RVG (1,2)   775,20 €

3. Auslagenpauschale gem. Nr. 7002 VV RVG   20,00 €

4. 19 % Umsatzsteuer gem. Nr. 7008 VV RVG   310,65 €

Gesamt: 1945,65 €

Neben den Gerichtskosten hat jeder Ehepartner die Anwaltskosten in vorstehender Höhe zu tragen, es sei denn, nur eine der Parteien ist anwaltlich vertreten: Dann fallen die Anwaltsgebühren nur beim Antragsteller an. Auf die Möglichkeit der **Kostenteilung** bei den Anwaltskosten wurde bereits oben hingewiesen.

3. Verfahrenskostenhilfe

Unter bestimmten Voraussetzungen gewährt der Staat auch im Ehescheidungsverfahren eine finanzielle Unterstützung. Das frühere Armenrecht ist durch die Einführung der Prozesskostenhilfe abgelöst worden. Gem. § 75 FamFG finden auf die Verfahrenskostenhilfe die Vorschriften der ZPO über die Prozesskostenhilfe entsprechende Anwendung. Voraussetzung für die Bewilligung einer solchen Unterstützung ist die **Bedürftigkeit** der jeweiligen Partei.

Wer ein sehr geringes Einkommen hat, kann diese Möglichkeit für das gerichtliche Verfahren in Anspruch nehmen. Um dem Gericht eine Prüfung der Bedürftigkeit zu ermöglichen, muss auf einem speziellen **Vordruck** eine Erklärung über die **persönlichen** und **wirtschaftlichen Verhältnisse** abgegeben werden. Zum Nachweis sind entsprechende **Belege** beizufügen. Sind die Eheleute beispielsweise Sozialhilfeempfänger oder beziehen Arbeitslosengeld in geringer Höhe, reicht es, wenn zusammen mit der Erklärung über die persönlichen und wirtschaftlichen Verhältnisse die jeweiligen Bewilligungsbescheide bei Gericht eingereicht werden.

Liegen die Voraussetzungen vor und besteht insbesondere hinsichtlich des Verfahrens Aussicht auf Erfolg, wird das Gericht in einem Beschluss Verfahrenskostenhilfe **ohne Ratenzahlung** bewilligen, was bedeutet, dass der Antragsteller weder Gerichts- noch Anwaltskosten zu zahlen hat. Der Anwalt rechnet mit der Staatskasse ab.

Hierbei ist besonders darauf zu achten, dass diese Regelung nur für die eigenen Anwaltskosten gilt. Sollte der Antragsteller in dem Rechtsstreit unterliegen, hat er die Kosten des gegnerischen Rechtsanwaltes selbst zu tragen. Das hat seinen Grund darin, dass seine Bedürftigkeit nicht dazu führen darf, dass er anders als jeder Rechtsuchende keinerlei Prozessrisiko trägt. Sollte sich die wirtschaftliche Situation des Antragstellers in der Folgezeit so verbessern, dass die Voraussetzung für die Bewilligung von Prozesskostenhilfe nicht mehr vorliegen, wird das Gericht die Partei auffordern, die verauslagten Gerichts- und Anwaltskosten zu erstatten. Dabei sind monatliche Rückzahlungsraten möglich.

Bei wirtschaftlich besser gestellten Parteien kann unter Umständen Verfahrenskostenhilfe in Form von **Ratenzahlungen** angeordnet werden. Im Fall der Bewilligung von Verfahrenskostenhilfe mit Ratenzahlung hat die Partei zwar sämtliche Anwalts- und Gerichtskosten zu übernehmen, doch diese werden nicht sofort fällig, sondern können vielmehr in Ratenzahlungen gegenüber dem Gericht erbracht werden. Der Anwalt rechnet mit der Staatskasse ab. Anders als in Fällen der Verfahrenskostenhilfe ohne Ratenzahlung, in denen der Rechtsanwalt nur die reduzierten Gebühren erhält (vgl. § 49 RVG), fallen hier die vollen Gebühren an (§ 50 RVG).

Eine weitere staatliche Unterstützung stellt die **Beratungshilfe** dar. Der Rechtsanwalt kann die außergerichtliche Tätigkeit mit der Staatskasse abrechnen. Dazu ist es erforderlich, dass der Rechtsuchende bei dem für ihn zuständigen Amtsgericht einen Beratungshilfeschein beantragt. Das Gericht überprüft auch im Falle der außergerichtlichen Tätigkeit die persönlichen und wirtschaftlichen Verhältnisse des Rechtssuchenden. Wenn er bedürftig ist, wird der Beratungshilfeschein erteilt, so dass der Rechtsanwalt mit der Staatskasse abrechnen kann. Darüber hinaus kann der Rechtsanwalt direkt von seinem Mandanten einen Betrag in Höhe 10,00 € für die außergerichtliche Tätigkeit beanspruchen.

4. Prozesskostenvorschuss

Häufig wird der Antrag der Ehefrau auf Bewilligung von Verfahrenskostenhilfe für das Scheidungsverfahren und/oder seine Folgesachen mit der Begründung zurückgewiesen, der Ehemann verfüge über ein zu hohes Einkommen. Zu diesem Ergebnis kommt man selbst dann, wenn die Ehefrau kein eigenes Einkommen hat, da stets die wirtschaftlichen Verhältnisse beider Eheleute berücksichtigt werden. Dies führt jedoch nicht etwa dazu, dass die Ehefrau ihr Vorhaben, sich scheiden zu lassen oder Unterhaltsansprüche geltend zu machen, aufgeben müsste. Das Gesetz sieht vielmehr für Eheleute, die in ehelicher Gemeinschaft leben (vgl. § 1316 a Abs. 4 BGB) und für getrennt lebende Eheleute (vgl. § 1360 Abs. 4 Satz 4 BGB) ausdrücklich vor, dass der Ehemann prozesskostenvorschusspflichtig ist. Das bedeutet, dass die Ehefrau notfalls auch mittels gerichtlicher Hilfe ihre Gerichts- und Anwaltskosten, die sie für die Durchführung des Verfahrens benötigt, bei ihrem Ehemann geltend machen kann. Nach Abschluss des jeweiligen Verfahrens kommt unter gewissen Umständen, insbesondere, wenn die finanziellen Möglichkeiten der Ehefrau es inzwischen erlauben, ein Rückforderungsanspruch des Ehemannes in Betracht.

Nachbemerkung

Ich wünsche mir, dass mein Buch alle betroffenen Leserinnen – in der schwierigen Lebenssituation zwischen Trennung und Scheidung – hilfreich unterstützt, Denkanstöße gibt, das Problembewusstsein schärft und hilft, Lösungswege zu finden. Das Buch ist jedoch kein Ersatz für eine individuelle juristische Beratung.

Anhang

I. Checklisten

1. Was muss ich bei Trennung und Scheidung berücksichtigen?

(1) Mitnahme der persönlichen Unterlagen wie Zeugnisse, Rentenunterlagen, Kontoauszüge, Sparbücher, Stammbuch, Geburtsurkunde, Heiratsurkunde eventuell Krankenscheine und persönliche Unterlagen der Kinder, z. B. Geburtsurkunden, Zeugnisse, Impfpässe etc.

(2) Mitnahme der Fotokopien der Gehaltsbescheinigungen der letzten 12 Monate meines Ehemannes, bzw. Bilanzen oder Einnahmenüberschussrechnungen für die letzten drei Jahre sowie der Steuerbescheide. Mitnahme der Fotokopien aller Urkunden und Kontoauszüge meines Ehemannes, was seine Vermögenspositionen wie z. B. Lebensversicherungen, Aktien, Bausparverträge, Fondsbeteiligungen etc. anbelangt.

(3) Informationen und Nachweise über bestehende gemeinsame Schulden, sowie laufende Kosten wie Miete, Nebenkosten, Versicherungsbeiträge etc. beschaffen.

(4) Information über das gemeinsame Grundeigentum beschaffen bzw. die erforderlichen Belege wie Grundbuchauszug, Grundbuchsteuerbescheid etc. kopieren.

(5) Mitnahme der im persönlichen Eigentum stehenden Gegenstände sowie Geschenke, Kleidung etc.

(6) Einigung mit meinem Ehemann über den Hausrat, wenn dies nicht möglich ist, Mitnahme der notwendigen Gegenstände, die ich in etwa auch bei einer Gerichtsentscheidung erhalten würde.

(7) Klärung des Mietverhältnisses

(8) Klärung der Haftung für gemeinsame Schulden

(9) Klärung des Krankenversicherungsschutzes

(10) Wenn erforderlich, Auskunftssperre beim Einwohnermeldeamt und bei allen zuständigen Ämtern veranlassen

(11) Wenn erforderlich, Frauenverbände um Hilfe bitten und Rechtsanwältin einschalten.

2. Ermittlung des Einkommens meines Ehemannes

(1) Einkünfte aus nichtselbständiger Arbeit,
durchschnittliches monatliches Nettoeinkommen
ermittelt aus den letzten 12 Gehaltsabrechnungen .... €
Zzgl. Arbeitgeberanteile aus vermögenswirksamen
Leistungen .... €
Abzgl Beiträge für Krankenversicherung
bei freiwillig Versicherten .... €
abzüglich Kosten für berufsbedingte Aufwendungen
(pauschal 5 % mindestens 50,00 €, höchstens
150,00 € oder konkrete Kosten) .... €

(2) Einkünfte aus selbständiger Tätigkeit
Monatlicher Gewinn aus den letzten drei Jahren .... €
Zzgl. eventueller Abschreibungen für Anlage-
güter (Afa) .... €
abzüglich eventueller Rückstellungen
(z. B. für Renovierung) .... €
Abzüglich Kosten für Krankenversicherung .... €
Abzüglich Kosten für Altersvorsorge .... €

(3) Einkünfte aus Vermietung oder Verpachtung
laut Einkommensteuererklärung, umgerechnet
auf einen Monat .... €

(4) Einkünfte aus Kapitalvermögen laut Einkommensteuererklärung umgerechnet auf einen Monat .... €

(5) Einkünfte aus Rentenanwartschaften laut Renten-
bescheid .... €

(6) Sonstige Einkünfte (Arbeitslosengeld) .... €

(7) Gesamteinkommen .... €
Abzüglich Einkommensteuer soweit vorstehend
noch nicht berücksichtigt .... €
Abzüglich monatliche Schuldenrate für
gemeinsame Schulden .... €
Abzüglich andere eventuell zu berücksichtigender
Kosten .... €
Anrechenbares Einkommen .... €

Tipp: Eventuellen Wohnwertvorteil beachten!

---

3. Ermittlung des Kindesunterhaltes

Kindesunterhalt für das erste Kind laut entsprechender Tabelle:

Anrechenbares Nettoeinkommen meines Ehemannes
laut Liste 2 .... €

Anhand dieses Betrages in der entsprechenden
Unterhaltstabelle (z. B. Düsseldorfer Tabelle)
den Kindesunterhalt ermitteln .... €

Wenn ich das Kindergeld bekomme:
abzgl. hälftiges Kindergeld .... €

Wenn mein Mann das Kindergeld erhält:
zzgl. hälftiges Kindergeld .... €

Kindesunterhalt
Der Kindesunterhalt für weitere Kinder wird wie oben berechnet.

Tipp: Selbstbehalt und Bedarfskontrollbetrag beachten!

---

4. Berechnung des Getrenntlebenunterhalts, wenn keine eigenen Einkünfte vorliegen

Ich habe während der Ehezeit nicht gearbeitet und auch nach der Trennung ist mir wegen der Kinderbetreuung eine berufliche Tätigkeit nicht zuzumuten.

1. Anrechenbares Nettoeinkommen
   meines Ehemannes laut Liste 2 .... €

2. Abzüglich Kindesunterhalt laut Liste 3 .... €

3. Bereinigtes Nettoeinkommen .... €

4. Davon $\frac{3}{7}$ = Unterhaltsanspruch .... €

Tipp: Selbstbehalt und Bedarfskontrollbetrag beachten! Bei allen anderen Einkommensarten laut Liste 2, außer Ziffer 1 und 2, werden nicht $3/_7$, sondern 50 % Unterhalt geschuldet.

---

5. Berechnung des Getrenntlebensunterhalts, wenn eigene Einkünfte vorliegen (Differenzmethode)

Anberechnbares Nettoeinkommen meines Ehemannes
laut Liste 2 .... €

Abzgl. Kindesunterhalt laut Liste 3 .... €

Bereinigtes Nettoeinkommen .... €

Abzüglich eigenes anrechenbares Einkommen .... €

Differenz .... €

Davon ⅗ = Unterhaltsanspruch .... €

> **Tipp:** Selbstbehalt und Bedarfskontrollbetrag beachten!

6. Berechnung des Getrenntlebensunterhalts bei Kinderbetreuung

Anrechenbares Nettoeinkommen des Ehemannes
laut Liste 2 .... €

Abzüglich Kindesunterhalt laut Liste 3 .... €

Bereinigtes Nettoeinkommen des Ehemannes .... €

Abzüglich eigenes anrechenbares Nettoeinkommen
Ehefrau vermindert um den Betreuungsbonus
(ca. 200,00 € – 300,00 €) .... €

verbleiben .... €

davon ⅗ .... €

7. Berechnung des nachehelichen Unterhalts inklusive Altersvorsorgeunterhalt (siehe Beispiel Seite 73 ff.)

Ich erziele keine eigenen Einkünfte

Anrechenbaren Nettoeinkommen
des Ehemannes lt. Liste 2 .... €

Abzüglich Kindesunterhalt lt. Liste 3 .... €

Bereinigtes Nettoeinkommen .... €

Davon ⅗ (= Elementarunterhalt gleichzeitig Netto-
bemessungsgrundlage im Sinne der Bremer Tabelle) .... €

Zuzüglich Steuer- und Sozialabgaben
(Hochrechnung nach BT) .... €

Brutto-Betrag .... €

Davon 19,9 % (Regelbeitragssatz für die gesetzliche
Rentenversicherung Stand 2009) = Vorsorgeunterhalt .... €

Bereinigtes Nettoeinkommen des Ehemannes (s. o.) .... €

Abzüglich Vorsorgeunterhalt .... €

Verbleiben .... €

Davon ⅗ = Elementarunterhalt .... €

Zuzüglich Vorsorgeunterhalt .... €

Unterhalt inkl. Altersvorsorgeunterhalt .... €

Tipp: Selbstbehalt und Bedarfskontrollbetrag beachten!

---

8. Checkliste für den konkreten monatlichen Unterhalts-bedarf

- Kosten für die Haushaltsführung
- Wohnbedarf, gemessen an den Lebensverhältnissen
- Nebenkosten
- Krankenversicherung
- Lebensversicherung
- Kosmetik/Pflegeprodukte
- Friseur
- Telefon/Porto
- Kleidung
- Haushaltshilfe
- Gärtner
- Pkw-Kosten
- Sport
- Hobby
- Urlaub
- Theater/Kino

- Restaurantbesuche
- Zeitschriften

9. Berechnung des Zugewinnausgleichs

Anfangsdatum: ....

Enddatum: ....

Zugewinn des Mannes

Endvermögen

Vermögenswerte:

(1) .... €

(2) .... €

(3) .... €

(4) .... €

(5) .... €

abzgl. Schulden:

(1) .... €

(2) .... €

§ 1375 Abs. 1 BGB Endvermögen .... €

Anfangsvermögen

Vermögenswerte:

(1) .... €

(2) .... €

abzgl. Schulden .... €

§ 1374 Abs. 1 BGB .... €

Indexierung Siehe Seite 94 .... €

Zurechnungen nach § 1374 Abs. 2 BGB:

(1) Erbschaft .... €

Zeitpunkt: ....

Indexierung beachten ....

(2) Schenkung .... €

Zeitpunkt: ....

Indexierung berücksichtigen .... €

Zugewinn .... €

Zugewinn der Frau:

Endvermögen

Vermögenswerte:

(1) .... €

(2) .... €

(3) .... €

(4) .... €

(5) .... €

Abzgl. Schulden

(1) .... €

(2) .... €

§ 1375 Abs. 1 BGB

Anfangsvermögen

Vermögenswerte:

(1) .... €

(2) .... €

abzgl. Schulden .... €

§ 1374 Abs. 1 BGB .... €

Indexierung Siehe Seite 94 .... €

Zurechnungen nach § 1374 Abs. 2 BGB:

1. Erbschaft .... €

Zeitpunkt: ....

Indexierung beachten ....

2. Schenkung .... €

Zeitpunkt: ....

Indexierung berücksichtigen
Zugewinn ....

Ausgleichsanspruch:

Zugewinn des Mannes .... €

abzgl. Zugewinn der Frau .... €

Differenz .... €

davon ½ = Zugewinnausgleich .... €

10. Hausratsteilung

(A) Welche Gegenstände besass ich bereits vor der Eheschließung?
(z. B. Aussteuer, Schmuck, Möbel, Erbstücke)?

(1) ....

(2) ....

(3) ....

(4) ....

(B) Welche persönlichen Gegenstände habe ich während der Ehe erhalten (z. B. zu Geburtstagen, zu Weihnachten, zum Muttertag)?

(1) ....

(2) ....

(3) ....

(4) ....

(C) Welcher gemeinsamer Hausrat befindet sich in der Ehewohnung?
Bei der Auflistung des Hausrates muss ich an folgende Räume
denken, die ich jeweils auf gesonderten Listen eintrage:

- Diele
- Küche
- Bad/Toilette
- Wohn- 7 Esszimmer
- Schlafzimmer
- Kinderzimmer
- eventuell Gästezimmer
- Keller
- Garten/Terrasse/Balkon
- Garage

Die Gegenstände sind so genau wie möglich zu bezeichnen, möglichst mit Angabe des Herstellers, der Typenbezeichnung oder der Artikelnummer.

Die folgende Liste ist als Kopiervorlage gedacht, auf der links oben der jeweilige Raum eingetragen werden kann, um anschließend die einzelnen Hausratsgegenstände aufzuführen.

Rechts außen kann ich markieren, welche Gegenstände ich mitnehmen möchte.

Raum: ....

Gegenstand	Anschaffungstag	Anschaffungspreis	Zeitwert	x
(1)				
(2)				
(3)				
(4)				

II. Tabellen

Düsseldorfer Tabelle (Stand: 1. 1. 2009)[1)]

A. Kindesunterhalt

	Netto-einkommen des Bar-unterhalts-pflichtigen (Anm. 3, 4)	Altersstufen in Jahren (§ 1612 a Abs. 1 BGB)				Prozent-satz	Bedarfs-kontroll-betrag (Anm. 6)
		0–5	6–11	12–17	ab 18		
		Alle Beträge in Euro					
1.	bis 1500	281	322	377	432	100	770/900
2.	1501–1900	296	339	396	454	105	1000
3.	1901–2300	310	355	415	476	110	1100
4.	2301–2700	324	371	434	497	115	1200
5.	2701–3100	338	387	453	519	120	1300
6.	3101–3500	360	413	483	553	128	1400
7.	3501–3900	383	438	513	588	136	1500
8.	3901–4300	405	464	543	623	144	1600
9.	4301–4700	428	490	574	657	152	1700
10.	4701–5100	450	516	604	692	160	1800
	ab 5101	nach den Umständen des Falles					

Anmerkungen

1. Die Tabelle hat keine Gesetzeskraft, sondern stellt eine Richtlinie dar. Sie weist den monatlichen Unterhaltsbedarf aus, bezogen auf drei Unterhaltsberechtigte, ohne Rücksicht auf den Rang. Der Bedarf ist nicht identisch mit dem Zahlbetrag; dieser ergibt sich unter Berücksichtigung der nachfolgenden Anmerkungen.

Bei einer größeren/geringeren Anzahl Unterhaltsberechtigter können *Ab- oder Zuschläge* durch Einstufung in niedrigere/höhere Gruppen angemessen sein. Anmerkung 6 ist zu beachten. Zur Deckung des notwendigen Mindestbedarfs aller Beteiligten – einschließlich des Ehegatten – ist gegebenenfalls eine Herabstufung bis in die unterste Tabellengruppe vorzunehmen. Reicht das verfüg-

---

[1)] Die neue Tabelle nebst Anmerkungen beruht auf Koordinierungsgesprächen, die unter Beteiligung aller Oberlandesgerichte und der Unterhaltskommission des Deutschen Familiengerichtstages e.V. stattgefunden haben.

bare Einkommen auch dann nicht aus, setzt sich der Vorrang der Kinder im Sinne von Anm. 5 Abs. 1 durch. Gegebenenfalls erfolgt zwischen den erstrangigen Unterhaltsberechtigten eine Mangelberechnung nach Abschnitt C.

2. Die Richtsätze der 1. Einkommensgruppe entsprechen dem Mindestbedarf in Euro gemäß § 1612 a BGB i.V.m. § 36 Nr. 4 EGZPO. Der Prozentsatz drückt die Steigerung des Richtsatzes der jeweiligen Einkommensgruppe gegenüber dem Mindestbedarf (= 1. Einkommensgruppe) aus. Die durch Multiplikation des gerundeten Mindestbedarfs mit dem Prozentsatz errechneten Beträge sind entsprechend § 1612 a Abs. 2 S. 2 BGB aufgerundet.

3. *Berufsbedingte Aufwendungen,* die sich von den privaten Lebenshaltungskosten nach objektiven Merkmalen eindeutig abgrenzen lassen, sind vom Einkommen abzuziehen, wobei bei entsprechenden Anhaltspunkten eine Pauschale von 5 % des Nettoeinkommens – mindestens 50 EUR, bei geringfügiger Teilzeitarbeit auch weniger, und höchstens 150 EUR monatlich – geschätzt werden kann. Übersteigen die berufsbedingten Aufwendungen die Pauschale, sind sie insgesamt nachzuweisen.

4. Berücksichtigungsfähige *Schulden* sind in der Regel vom Einkommen abzuziehen.

5. Der *notwendige Eigenbedarf (Selbstbehalt)*
– gegenüber minderjährigen unverheirateten Kindern,
– gegenüber volljährigen unverheirateten Kindern bis zur Vollendung des 21. Lebensjahres, die im Haushalt der Eltern oder eines Elternteils leben und sich in der allgemeinen Schulausbildung befinden,
beträgt beim nicht erwerbstätigen Unterhaltspflichtigen monatlich 770 EUR, beim erwerbstätigen Unterhaltspflichtigen monatlich 900 EUR. Hierin sind bis 360 EUR für Unterkunft einschließlich umlagefähiger Nebenkosten und Heizung (Warmmiete) enthalten. Der Selbstbehalt kann angemessen erhöht werden, wenn dieser Betrag im Einzelfall erheblich überschritten wird und dies nicht vermeidbar ist.

Der *angemessene Eigenbedarf,* insbesondere gegenüber anderen volljährigen Kindern, beträgt in der Regel mindestens monatlich 1100 EUR. Darin ist eine Warmmiete bis 450 EUR enthalten.

6. Der *Bedarfskontrollbetrag* des Unterhaltspflichtigen ab Gruppe 2 ist nicht identisch mit dem Eigenbedarf. Er soll eine ausgewogene Verteilung des Einkommens zwischen dem Unterhaltspflichtigen und den unterhaltsberechtigten Kindern gewährleisten. Wird er unter Berücksichtigung anderer Unterhaltspflichten unterschritten, ist der Tabellenbetrag der nächst niedrigeren Gruppe, deren Bedarfskontrollbetrag nicht unterschritten wird, anzusetzen.

7. Bei *volljährigen Kindern,* die noch im Haushalt der Eltern oder eines Elternteils wohnen, bemisst sich der Unterhalt nach der 4. Altersstufe der Tabelle.

Der angemessene Gesamtunterhaltsbedarf eines *Studierenden,* der nicht bei seinen Eltern oder einem Elternteil wohnt, beträgt in der Regel monatlich 640 EUR. Hierin sind bis 270 EUR für Unterkunft einschließlich umlagefähiger Nebenkosten und Heizung (Warmmiete) enthalten. Dieser Bedarfssatz kann auch für ein Kind mit eigenem Haushalt angesetzt werden.

8. Die *Ausbildungsvergütung* eines in der Berufsausbildung stehenden Kindes, das im Haushalt der Eltern oder eines Elternteils wohnt, ist vor ihrer Anrechnung in der Regel um einen ausbildungsbedingten Mehrbedarf von monatlich 90 EUR zu kürzen.

9. In den Bedarfsbeträgen (Anmerkungen 1 und 7) sind *Beiträge zur Kranken- und Pflegeversicherung sowie Studiengebühren* nicht enthalten.

10. Das auf das jeweilige Kind entfallende *Kindergeld* ist nach § 1612 b BGB auf den Tabellenunterhalt (Bedarf) anzurechnen.

B. Ehegattenunterhalt

I. *Monatliche Unterhaltsrichtsätze des berechtigten Ehegatten ohne unterhaltsberechtigte Kinder (§§ 1361, 1569, 1578, 1581 BGB):*

1. gegen einen *erwerbstätigen Unterhaltspflichtigen:*
   a) wenn der Berechtigte kein Einkommen hat: ³∕₇ des anrechenbaren Erwerbseinkommens zuzüglich ½ der anrechenbaren sonstigen Einkünfte des Pflichtigen, nach oben begrenzt durch den vollen Unterhalt, gemessen an den zu berücksichtigenden ehelichen Verhältnissen;

b) wenn der Berechtigte ebenfalls Einkommen hat: ⅗ der Differenz zwischen den anrechenbaren Erwerbseinkommen der Ehegatten, insgesamt begrenzt durch den vollen ehelichen Bedarf; für sonstige anrechenbare Einkünfte gilt der Halbteilungsgrundsatz;

c) wenn der Berechtigte erwerbstätig ist, obwohl ihn keine Erwerbsobliegenheit trifft: gemäß § 1577 Abs. 2 BGB;

2. gegen einen *nicht erwerbstätigen Unterhaltspflichtigen* (z.B. Rentner): wie zu 1 a, b oder c, jedoch 50%.

II. *Fortgeltung früheren Rechts:*

1. Monatliche Unterhaltsrichtsätze des nach dem Ehegesetz berechtigten Ehegatten *ohne unterhaltsberechtigte Kinder:*

a) §§ 58, 59 EheG: in der Regel wie I,

b) § 60 EheG: in der Regel ½ des Unterhalts zu I,

c) § 61 EheG: nach Billigkeit bis zu den Sätzen I.

2. Bei Ehegatten, die vor dem 03. 10. 1990 in der früheren DDR geschieden worden sind, ist das DDR-FGB in Verbindung mit dem Einigungsvertrag zu berücksichtigen (Art. 234 § 5 EGBGB).

III. *Monatliche Unterhaltsrichtsätze des berechtigten Ehegatten, wenn die ehelichen Lebensverhältnisse durch Unterhaltspflichten gegenüber Kindern geprägt werden:*

Wie zu I bzw. II 1, jedoch wird grundsätzlich der Kindesunterhalt (Zahlbetrag; vgl. Anm. C und Anhang) vorab vom Nettoeinkommen abgezogen.[2]

IV. *Monatlicher Eigenbedarf (Selbstbehalt) gegenüber dem getrennt lebenden und dem geschiedenen Berechtigten:*

unabhängig davon, ob erwerbstätig oder
nicht erwerbstätig   1000 EUR

---

[2] Amtl. Anm.: Der 7. Senat für Familiensachen des OLG Düsseldorf zieht zur Berechnung des Ehegattenunterhalts die Tabellenbeträge ab.

V. *Existenzminimum des unterhaltsberechtigten Ehegatten einschließlich des trennungsbedingten Mehrbedarfs in der Regel:*

falls erwerbstätig: 900 EUR

falls nicht erwerbstätig: 770 EUR

VI. Monatlicher notwendiger Eigenbedarf des Ehegatten, der in einem *gemeinsamen Haushalt mit dem Unterhaltspflichtigen lebt, gegenüber nicht privilegierten volljährigen Kindern oder nachrangigen (geschiedenen) Ehegatten:*

unabhängig davon, ob erwerbstätig oder nicht
erwerbstätig: 800 EUR

Anmerkung zu I–III: Hinsichtlich *berufsbedingter Aufwendungen* und *berücksichtigungsfähiger Schulden* gelten Anmerkungen A. 3 und 4 – auch für den erwerbstätigen Unterhaltsberechtigten – entsprechend. Diejenigen berufsbedingten Aufwendungen, die sich nicht nach objektiven Merkmalen eindeutig von den privaten Lebenshaltungskosten abgrenzen lassen, sind pauschal im Erwerbstätigenbonus von $\frac{1}{7}$ enthalten.

C. Mangelfälle

Reicht das Einkommen zur Deckung des Bedarfs des Unterhaltspflichtigen und der gleichrangigen Unterhaltsberechtigten nicht aus (sog. Mangelfälle), ist die nach Abzug des notwendigen Eigenbedarfs (Selbstbehalts) des Unterhaltspflichtigen verbleibende Verteilungsmasse auf die Unterhaltsberechtigten im Verhältnis ihrer jeweiligen Einsatzbeträge gleichmäßig zu verteilen.

Der Einsatzbetrag für den *Kindesunterhalt* entspricht dem Zahlbetrag des Unterhaltspflichtigen. Dies ist der nach Anrechnung des Kindergeldes oder von Einkünften auf den Unterhaltsbedarf verbleibende Restbedarf.

Beispiel: Bereinigtes Nettoeinkommen des Unterhaltspflichtigen (M): 1300 EUR. Unterhalt für drei unterhaltsberechtigte Kinder im Alter von 18 Jahren (K1), 7 Jahren (K2) und 5 Jahren (K3), Schüler die bei der nicht unterhaltsberechtigten, den Kindern nicht barunterhaltspflichtigen Ehefrau und Mutter (F) leben. F bezieht das Kindergeld.

Notwendiger Eigenbedarf des M: . . . . 900 EUR	
Verteilungsmasse: 1 300 EUR – 900 EUR =	400 EUR
Summe der Einsatzbeträge der Unterhaltsberechtigten:	

268 EUR (432 – 164) (K 1) + 240 EUR (322 – 82)
(K 2) + 196 EUR (281 – 85) (K 3) =   704 EUR
Unterhalt:

K 1: . . . . 268 × 400 : 704 =	152,27 EUR
K 2: . . . . 240 × 400 : 704 =	136,36 EUR
K 3: . . . . 196 × 400 : 704 =	111,36 EUR

D. Verwandtenunterhalt und Unterhalt nach § 1615 l BGB

I. *Angemessener Selbstbehalt gegenüber den Eltern:* mindestens monatlich 1400 EUR (einschließlich 450 EUR Warmmiete) zuzüglich der Hälfte des darüber hinausgehenden Einkommens. Der angemessene Unterhalt des mit dem Unterhaltspflichtigen zusammenlebenden Ehegatten bemisst sich nach den ehelichen Lebensverhältnissen (Halbteilungsgrundsatz), beträgt jedoch mindestens 1050 EUR (einschließlich 350 EUR Warmmiete).

II. *Bedarf der Mutter und des Vaters eines nichtehelichen Kindes* (§ 1615 l BGB): nach der Lebensstellung des betreuenden Elternteils, in der Regel mindestens 770 EUR.

Angemessener Selbstbehalt gegenüber der Mutter und dem Vater eines nichtehelichen Kindes (§§ 1615 l, 1603 Abs. 1 BGB): unabhängig davon, ob erwerbstätig oder nicht erwerbstätig: 1000 EUR.

E. Übergangsregelung

Umrechnung dynamischer Titel über Kindesunterhalt nach § 36 Nr. 3 EGZPO: Ist Kindesunterhalt als Prozentsatz des jeweiligen Regelbetrages zu leisten, bleibt der Titel bestehen. **Eine Abänderung ist nicht erforderlich.** An die Stelle des bisherigen Prozentsatzes vom Regelbetrag tritt ein neuer Prozentsatz vom Mindestunterhalt (Stand: 01. 01. 2008). Dieser ist für die jeweils maßgebliche Altersstufe gesondert zu bestimmen und auf eine Stelle nach dem Komma zu begrenzen (§ 36 Nr. 3 EGZPO). Der Bedarf ergibt sich aus der Multiplikation des neuen Prozentsatzes mit dem Mindestunterhalt der jeweiligen Altersstufe und ist auf volle Euro aufzurunden (§ 1612 a Abs. 2 S. 2 BGB). Der Zahlbetrag ergibt sich aus dem um das jeweils anteilige Kindergeld verminderten bzw. erhöhten Bedarf.

Es sind **vier Fallgestaltungen** zu unterscheiden:

1. Der Titel sieht die Anrechnung des hälftigen Kindergeldes (für das 1. bis 3. Kind 77 EUR, ab dem 4. Kind 89,50 EUR) oder eine teilweise Anrechnung des Kindergeldes vor (§ 36 Nr. 3 a EGZPO).

$$\frac{(\text{Bisheriger Zahlbetrag} + \frac{1}{2}\,\text{Kindergeld}) \times 100}{\text{Mindestunterhalt der jeweiligen Altersstufe}} = \text{Prozentsatz neu}$$

Beispiel für 1. Altersstufe

$$\frac{(196\,\text{EUR} + 77\,\text{EUR}) \times 100}{279\,\text{EUR}} = 97,8\,\%$$

279 EUR x 97,8 % = 272,86 EUR, aufgerundet 273 EUR

Zahlbetrag: 273 EUR ./. 77 EUR = 196 EUR

2. Der Titel sieht die Hinzurechnung des hälftigen Kindergeldes vor (§ 36 Nr. 3 b EGZPO).

$$\frac{(\text{Bisheriger Zahlbetrag} - \frac{1}{2}\,\text{Kindergeld}) \times 100}{\text{Mindestunterhalt der jeweiligen Altersstufe}} = \text{Prozentsatz neu}$$

Beispiel für 1. Altersstufe

$$\frac{(273\,\text{EUR} - 77\,\text{EUR}) \times 100}{279\,\text{EUR}} = 70,2\,\%$$

279 EUR x 70,2 % = 195,85 EUR, aufgerundet 196 EUR

Zahlbetrag: 196 EUR + 77 EUR = 273 EUR

3. Der Titel sieht die Anrechnung des vollen Kindergeldes vor (§ 36 Nr. 3 c EGZPO).

$$\frac{(\text{Zahlbetrag} + 1/1\ \text{Kindergeld}) \times 100}{\text{Mindestunterhalt der jeweiligen Altersstufe}} = \text{Prozentsatz neu}$$

Beispiel für 2. Altersstufe

$$\frac{(177\ \text{EUR} + 154\ \text{EUR}) \times 100}{322\ \text{EUR}} = 102{,}7\,\%$$

322 EUR x 102,7 % = 330,69 EUR, aufgerundet 331 EUR

Zahlbetrag: 331 EUR ./. 154 EUR = 177 EUR

4. Der Titel sieht weder eine Anrechnung noch eine Hinzurechnung des Kindergeldes vor (§ 36 Nr. 3 d EGZPO).

$$\frac{(\text{Zahlbetrag} + \frac{1}{2}\ \text{Kindergeld}) \times 100}{\text{Mindestunterhalt der jeweiligen Altersstufe}} = \text{Prozentsatz neu}$$

Beispiel für 3. Altersstufe

$$\frac{(329\ \text{EUR} + 77\ \text{EUR}) \times 100}{365\ \text{EUR}} = 111{,}2\,\%$$

365 EUR x 111,2 % = 405,88 EUR, aufgerundet 406 EUR

Zahlbetrag: 406 EUR ./. 77 EUR = 329 EUR

Anhang: Tabelle Zahlbeträge

Die folgenden Tabellen enthalten die sich nach Abzug des jeweiligen Kindergeldanteils (hälftiges Kindergeld bei Minderjährigen, volles Kindergeld bei Volljährigen) ergebenden Zahlbeträge. Für das 1. und 2. Kind beträgt das Kindergeld derzeit 164 EUR, für das 3. Kind 170 EUR, ab dem 4. Kind 195 EUR.

	1. und 2. Kind	0–5	6–11	12–17	ab 18	%
1.	bis 1500	199	240	295	268	100
2.	1501–1900	214	257	314	290	105
3.	1901–2300	228	273	333	312	110
4.	2301–2700	242	289	352	333	115
5.	2701–3100	256	305	371	355	120
6.	3101–3500	278	331	401	389	128
7.	3501–3900	301	356	431	424	136
8.	3901–4300	323	382	461	459	144
9.	4301–4700	346	408	492	493	152
10.	4701–5100	368	434	522	528	160

	3. Kind	0–5	6–11	12–17	ab 18	%
1.	bis 1500	196	237	292	262	100
2.	1501–1900	211	254	311	284	105
3.	1901–2300	225	270	330	306	110
4.	2301–2700	239	286	349	327	115
5.	2701–3100	253	302	368	349	120
6.	3101–3500	275	328	398	383	128
7.	3501–3900	298	353	428	418	136
8.	3901–4300	320	379	458	453	144
9.	4301–4700	343	405	489	487	152
10.	4701–5100	365	431	519	522	160

	Ab 4. Kind	0–5	6–11	12–17	ab 18	%
1.	bis 1500	183,50	224,50	279,50	237	100
2.	1501–1900	198,50	241,50	298,50	259	105
3.	1901–2300	212,50	257,50	317,50	281	110
4.	2301–2700	226,50	273,50	336,50	302	115
5.	2701–3100	240,50	289,50	355,50	324	120
6.	3101–3500	262,50	315,50	385,50	358	128
7.	3501–3900	285,50	340,50	415,50	393	136
8.	3901–4300	307,50	366,50	445,50	428	144
9.	4301–4700	330,50	392,50	476,50	462	152
10.	4701–5100	352,50	418,50	506,50	497	160

III. Adressen

Frauen, die sich zu einer Trennung bzw. Scheidung entschließen, stehen nicht alleine da. Sie können sich zunächst an eine Beratungsstelle in ihrer Stadt wenden, die ihnen Kontakte zu speziellen Frauenberatungsgruppen vermitteln. Über autonome Frauenhäuser informiert die:

Zif Zentrale, Informationsstelle für autonome Frauenhäuser, Postfach 10 11 03, 34011 Kassel, Tel. 05 61/8 20 30 30
www-autonome-frauenhaeuser-zif.de

Ost-Arbeitsgemeinschaft Frauenhäuser, c/o 3. Autonomes Frauenhaus Berlin, Postfach 02 36, 10322 Berlin, Tel. 0 30/5 59 35 31

Manche Beratungsstellen geben auch Tipps bei der Suche nach einer Anwältin.

Fast in jeder größeren Stadt können Sie sich an Pro Familia wenden, die Adresse finden Sie im Telefonbuch oder Sie schreiben einen:

Pro Familia – Bundesverband, Stresemannallee 3, 60596 Frankfurt, Tel. 0 69–63 90 02, www.profamilia.de, e-mail: info@profamilia.de

Im Folgenden sind nach Bundesländern geordnet die Adressen bzw. Telefonnummern von Frauenberatungsstellen sowie von den Gleichstellungsstellen in den jeweiligen Landeshauptstädten aufgeführt:

a) Baden-Württemberg

Frauen helfen Frauen e. V., Römerstr. 30, 70180 Stuttgart, Tel. 07 11/ 6 49 45 50

Frauenbeauftragte, Eberhartstr. 61, 70173 Stuttgart, Tel. 07 11/ 2 16 33 38

b) Bayern

Frauen helfen Frauen e. V., Postfach 90 04 46, 81504 München, Tel. 0 89/64 51 69

Gleichstellungsstelle für Frauen, – Rathaus –, Marienplatz 8, 80331 München, Tel. 0 89/23 39 24 65, www.muenchen.de

c) Berlin

Frauenkrisentelefon, Berlin, Tel. 0 30/6 14 22 42,
www.frauenkrisentelefon. de

Bezirksamt Friedrichshain – Kreuzberg, Gleichstellungsbeauftragte, Frankfurter Allee 35 bis 37, 10216 Berlin, Tel. 0 30/9 02 98-41 11 o. -41 09

d) Brandenburg

Gleichstellungsbeauftragte, Heinrich-Mann-Allee 103, 14473 Potsdam, Tel. 03 31/8 66 50 50

e) Bremen

Frauen helfen Frauen, Bremen, Tel. 04 21/3 4 95 73

Bremische Zentralstelle für die Verwirklichung der Gleichstellung der Frau, Knochenhauer Str. 20–25, 28195 Bremen, Tel. 04 21/3 61 31 33

f) Hessen

Frauenbeauftragte, Schlossplatz 6, 65183 Wiesbaden, Tel. 06 11/ 31 24 48

g) Mecklenburg-Vorpommern

Frauen helfen Frauen e. V., Postfach 13 50, 23953 Wismar, Tel. 0 38 41/ 28 36 27

Gleichstellungsbeauftragte, Postfach 12 45, 23952 Wismar, Tel. 0 38 41/ 251 96 00

h) Niedersachsen

Frauenbüro, Tel. 05 11/1 684 53 01

i) Nordrhein-Westfalen

Frauen in Not und Notruf für vergewaltigte Frauen e. V., Ackerstraße 144, 40233 Düsseldorf, www.Frauenberatungsstelle.de, E-Mail: Info@Frauenberatungsstelle.de, Tel. 02 11/68 68 54, Fax 02 11/67 61 61

Frauenbüro, Stadt Düsseldorf, Mühlenstraße 29, 40213 Düsseldorf, Tel. 02 11/8 99 36 03, E-Mail: Frauenbuero@stadt.duesseldorf.de

j) Rheinland-Pfalz

Frauenbeauftragte, Klarastr. 4, 55116 Mainz, Tel. 0 61 31/12 21 75, www.mainz.de/frauenbuero.de

k) Saarland

Notruf für vergewaltigte Frauen e. V., Nauwieser Str. 19, 66111 Saarbrücken, Tel. 06 81/3 67 67, E-Mail: Notrufgruppe-SB@t-online.de

l) Sachsen

Frauen in Not, Postfach 21 01 30, 01261 Dresden, Tel. 03 51/2 81 77 88

Landeshauptstadt Dresden:

Gleichstellungsbeauftragte, Dr. – Koelz-Ring 19, 01067 Dresden, Tel. 03 51/4 88 22 67,
www. Dresden.de, E-Mail: Gleichstellungsstelle@dresden.de

m) Sachsen-Anhalt:

Gleichstellungsstelle für Frauen, Alter Markt 6, 39104 Magdeburg, Tel. 03 91/5 40 23 16, www.magdeburg.de,
E-Mail: beier@stadt.magdeburg.de

n) Schleswig Holstein:

Frauenbeauftragte, Andreas-Gayk-Str. 31, 24103 Kiel, Tel. 03 61/6 55 10 40

o) Thüringen

Gleichstellungsstelle, Stadtverwaltung Erfurt, Benediktplatz 1, 99084 Erfurt, Telefon 03 61/6 55 10 40, E-Mail: frauenbuero@erfurt.de

Sachregister

Zahlen = Seiten